JN260226

阿部直美の うたって おどって 楽しい オペレッタ！

阿部直美／著

チャイルド本社

CONTENTS

- はじめに… 4
- オペレッタの指導… 6
- 衣装と道具… 9

3歳児
おおきな にんじん……12
- 衣装・道具……………………13
- 脚本……………………………14
- 楽譜・振付……………………16

3歳児
3びきのこぶたとおおかみ……20
- 衣装・道具……………………21
- 脚本……………………………22
- 楽譜・振付……………………25

3〜4歳児
てぶくろ……30
- 衣装・道具……………………31
- 脚本……………………………32
- 楽譜・振付……………………36

4～5歳児
うらしまたろう……42
- 衣装・道具……………………43
- 脚本……………………………44
- 楽譜・振付……………………48

4～5歳児
キンコンかえるののどじまん……58
- 衣装・道具……………………59
- 脚本……………………………60
- 楽譜・振付……………………63

5歳児
ねずみくんのたんじょうかい……72
- 衣装・道具……………………73
- 脚本……………………………74
- 楽譜・振付……………………78

5歳児
ふしぎなこびとのくつやさん……86
- 衣装・道具……………………87
- 脚本……………………………88
- 楽譜・振付……………………94

お面の型紙…102

はじめに

オペレッタを楽しく！

オペレッタとは？

　『オペレッタ』は『喜歌劇』または『軽歌劇』と呼ばれ、かんたんにいうと音楽によって物語が進行する『小規模なオペラ』のことです。
　19世紀半ばのヨーロッパで大流行し、フランスのオッフェンバック、ウィーンのヨハン・シュトラウスなどが数々の傑作を創りました。それがアメリカに渡って、『ミュージカル』を生み出したのです。
　『オペラ』がおもに音楽だけで進行するのに対し、『オペレッタ』は劇のようにせりふも入れて、ストーリーをよりわかりやすくしています。

子どもが演じるオペレッタ

　保育においては、昭和の中頃から『音楽劇』『子どもオペレッタ』という呼び名で、取り上げられるようになりました。音楽性を高めるだけでなく、体を使って表現すること、小道具などを製作すること、登場人物になりきって会話をすること……など、保育の全領域にまたがる総合的な活動として、評価されています。
　また、歌ったり踊ったりすることは、人間の本来もっている喜びです。幼児期にこそ、こうした音楽のもつ楽しみを味わわせたいという思いから、子どもが演じられるオペレッタが数々創られるようになりました。
　本書では、保育のなかで手軽にオペレッタを楽しめるよう、やさしいピアノ伴奏による作品をセレクトしました。みんなが参加でき、演じ終わったあとにクラスがひとつにまとまるような、そんな指導を目指したいものです。

ひとつの役をみんなで

みんなといっしょの安心感が、のびのびとした表現に

　本書では、ひとつの役を多人数で演じる方法をとっています。例えば〈ふしぎなこびとのくつやさん〉では、おじいさん役4人、おばあさん役4人、こびと役6人、お客さん役6人……など、複数で演じます。

　こうした方法をとると、クラス全員が出演できると同時に、せりふや振り付けを忘れても、ミスが目立つことがありません。みんなといっしょに演じる安心感が、のびのびとした演技につながります。

すべての役を演じて楽しむ

　オペレッタは発表会で演じられることが多いので、ともすると、保育者にも子どもたちにも「失敗しないように」という気持ちが強くはたらきます。ひとつの役を多人数で演じるだけでなく、発表前にいろいろな役を交替しながら演じ、全員がすべての役を一度は経験しておくようにしましょう。

　すべての役を試みることで、ストーリーへの理解もさらに深まります。楽しんで演じられるようになれば、しぜんに「お父さんやお母さんたちにも見せたい」という思いも生まれるでしょう。その気持ちを発表会につなげ、ぜひたくさんの拍手をあびる「晴れがましい体験」をさせたいものです。

　オペレッタを演じきることで、一人ひとりの心に、大きな自信が芽生えることでしょう。

乳幼児教育研究所　阿部直美

オペレッタの指導　ゆっくりと楽しみながら

「さあ、オペレッタをはじめましょう」といきなり歌や振りを教えるのではなく、まず、物語に親しみ、そのなかで少しずつ歌や振りを加えていきます。時にはおにごっこなどの遊びにしたり、衣装や道具の製作を楽しんだりしながら「自分たちのオペレッタ」を創りあげていきましょう。

Step1　物語をよく知ろう

はじめに、物語を子どもたちに、よくわかる形で伝えます。年長児は語って聞かせる「素話」だけでも伝わるかもしれませんが、年少児ならペープサートにして見せたり、エプロンシアター®で演じて見せたり、より具体的な方法を考えてみましょう。そうした方法で、折にふれ、繰り返し物語を伝えることが大切です。

1回目は保育者だけが話して聞かせますが、2回目からは、少しずつ子どもたちもお話に参加できるようにしていきます。例えば〈てぶくろ〉のお話なら、お話のなかで「先生が、かえるになります。『いれて！』って言ったら、みんなはねずみさんになって『いいよ』って言ってね」と声をかけるなど、参加を促す工夫をしましょう。

Step2　歌って物語

ストーリーの流れがわかった頃合いをみて、次に物語を伝えるときは、オペレッタの主要な曲を保育者が歌いながら語ってみましょう。

例えば〈おおきな にんじん〉なら、「うさぎのお父さんは大きなにんじんを……『♪うんとこしょ　どっこいしょ……』」と歌います。

子どもたちが興味を示したら、「みんなもいっしょに歌ってね」と声をかけてみましょう。このとき、保育者が振りを付けて歌うと、子どもたちも、しぜんに動作ができるようになります。

Step3 オペレッタをテーマにした集団遊び

　毎日オペレッタの練習をすると、あきてしまうことがあります。そこで、オペレッタをテーマにしたオリジナルの集団遊びをしてみましょう。
　例えば〈3びきのこぶたとおおかみ〉なら、こぶたたちが集まっているところに、おおかみ（おに）がやってきます。おおかみが「ピューッ」とか「いち・にの・ピューッ」などと言って吹きとばすしぐさをしても、こぶたたちは動きません。でも、おおかみが歌詞と同じ「いち・にの・さんの・しの・ピューッ」と言ったら、こぶたたちは吹きとばされて走って逃げ、おおかみはこぶたたちを追いかける……というおにごっこにして楽しみます。こうした遊びを通して、オペレッタへの関心も高まることでしょう。

Step4 ピアノに合わせてみる

　歌や振りがなんとなくわかってきたところで、今度はピアノに合わせて歌ってみましょう。メロディーやリズムがはっきりして、曲がより楽しくなります。
　保育者は、できれば子どもたちの方を見て、歌いながらピアノを弾きましょう。最初はゆっくり練習しますが、本番近くになったら、できるだけ譜面のテンポに近づけるようにします。

Step5 全員でひとつの役を演じてみる

　すぐに役を決めるのではなく、まずみんなで、すべての役を演じてみましょう。〈キンコンかえるののどじまん〉なら、保育者が「司会のかえる」になり、子どもたちは全員で、「そっくりかえる」「ふりかえる」「かんがえる」を演じます。次に子どもたち全員が「司会のかえる」になり、保育者が3びきのかえるを演じ分けても楽しいでしょう。すべての役を演じたり、友達や保育者の演技を見たりすることで、表現する楽しさを味わうことができるようになります。

Step 6 衣装や道具にふれる

　オペレッタの形が少しずつ整ってきたら、お面や衣装の一部を保育室に出しておきます。お面をかぶったり、衣装を着て演じることが、どんなものなのかを体験させることが目的ですから、昨年他の組の子どもたちが使ったものなど、古いものでもよいでしょう。

　子どもたちが興味をもち、「うさぎのお面がないよ」「たぬきさんの『えりまき』があったらいいのに……」などの声が聞こえたら、それを受けて「じゃあ、みんなで作ってみよう」と、声をかけます。衣装や道具を自分たちで作って演じてみると、よりオペレッタが「自分たちのもの」になってくることでしょう。

Step 7 おうちの方と連携する

　子どものオペレッタは、子どもたちが演じやすいことを第一に考えていますので、場合によっては、物語の進行がわかりにくいことがあります。昔話などをベースにしたお話は、おうちの方も知っていることが多いのですが、とくに創作オペレッタは、せりふなどがはっきり聞き取れないと、おうちの方にストーリーがきちんと伝わらないことも考えられます。そのため、オペレッタの練習が始まったら、園の「おたより」などで、おうちの方にあらすじを伝えておくことも大切です。

　練習に関しても、「『さすがはさすがはおじいさん』という歌詞をもじって『さすがはさすがは○○ちゃん』という言葉がクラスではやっています」など、具体的な子どもの姿を、折々におうちの方に伝える努力をしましょう。

　「配役を決めるときは、子どもたちがこのように話し合って決めました」といった形で、本番までの過程を知ってもらうこともお忘れなく。

衣装と道具　シンプルに使いやすく

衣装は役ごとに色分けしたベストが基本

　衣装を身につけると、子どもたちは登場人物になりきりやすくなります。また、豪華な衣装には、見ているおうちの方々が、それだけで感激するところがありますが、あまり華美になると、肝心の演技のおもしろさが目立たなくなってしまいます。

　基本的には、何の役かわかるように、色ちがいのベストやカラー帽子などで、色分けできればよいと考えてください。フリフリ、キラキラしすぎの動きにくい衣装で、結果子どもたちは棒立ちのまま……といったことのないように配慮しましょう。

かぶりものは顔にかからないように

　お面は役をはっきり知らせる効果がありますが、顔にかからないように作ることがポイントです。

　とくに年少児のなかには、かぶるのをいやがる子どももいるので、〈おおきな にんじん〉のように、耳だけの「耳のお面」がよいでしょう。

　また、お面にホッチキスを使う場合は、針が肌にあたらないように、針の部分にしっかりセロハンテープを貼るなど、安全面にも注意してください。

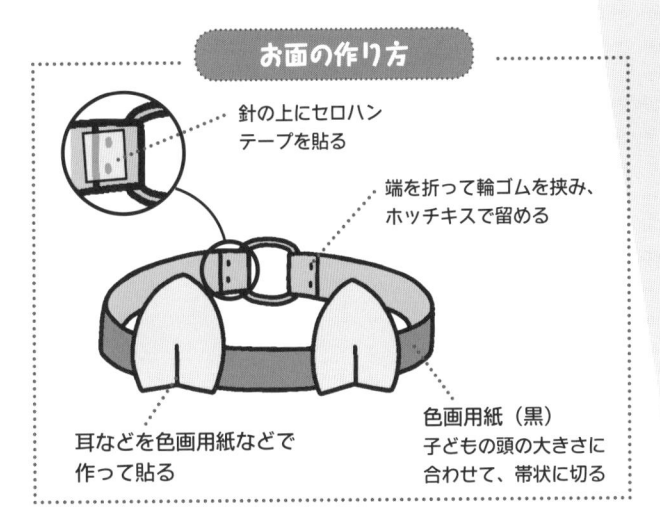

大道具は段ボールで

　大道具は段ボール板を使って、できるだけシンプルに作ります。年長児は、例えば、森の木の葉を自分たちの手形でスタンプするなど、工夫して手作りするとよいでしょう。

　小さなものは支えで立たせますが、大きなものは段ボール箱などを添えて、倒れることがないよう、しっかり立たせます。

　道具によっては〈3びきのこぶたとおおかみ〉の家や、〈うらしまたろう〉の玉手箱のように、持ち手をつけ、保育者が動かせるようにします。オペレッタの演出方法や、舞台の大きさなどを考えながら、作ってみましょう。

お面の作り方
- 針の上にセロハンテープを貼る
- 端を折って輪ゴムを挟み、ホッチキスで留める
- 耳などを色画用紙などで作って貼る
- 色画用紙（黒）子どもの頭の大きさに合わせて、帯状に切る

大道具の立たせ方
- 支え　段ボール板を三角形に切る
- クラフトテープでしっかり留める
- 段ボール箱　ふたを閉じて、クラフトテープを貼る　大道具にクラフトテープでしっかり留める
- 中に重りを入れる

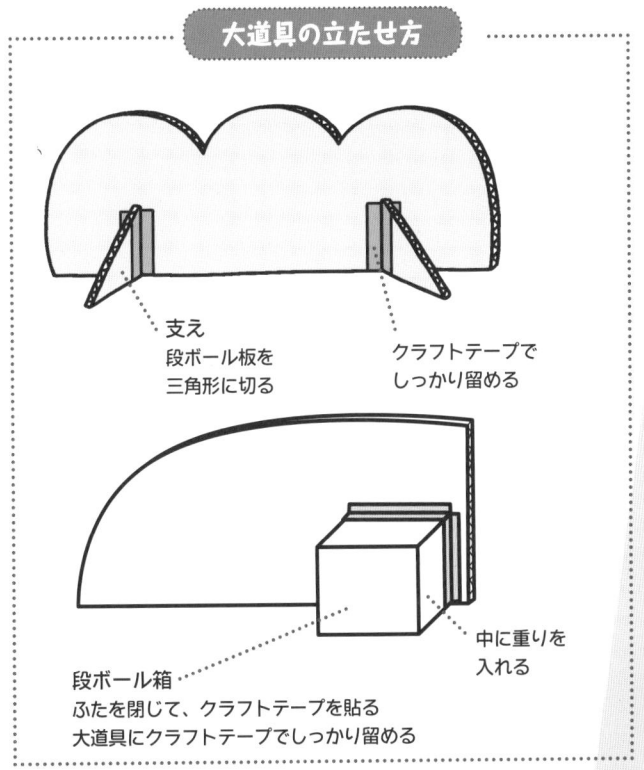

基本の衣装の作り方

ベストは基本の型紙から、A（前あき）・B（後ろあき）・C（横あき）ができます。
色を変えるだけでなく、すそのカットやえりの形、シールやテープの模様で変化をつけましょう。

基本のベスト：型紙

寸法は4歳児向けの目安です。
子どもの体に合わせて調整してください。

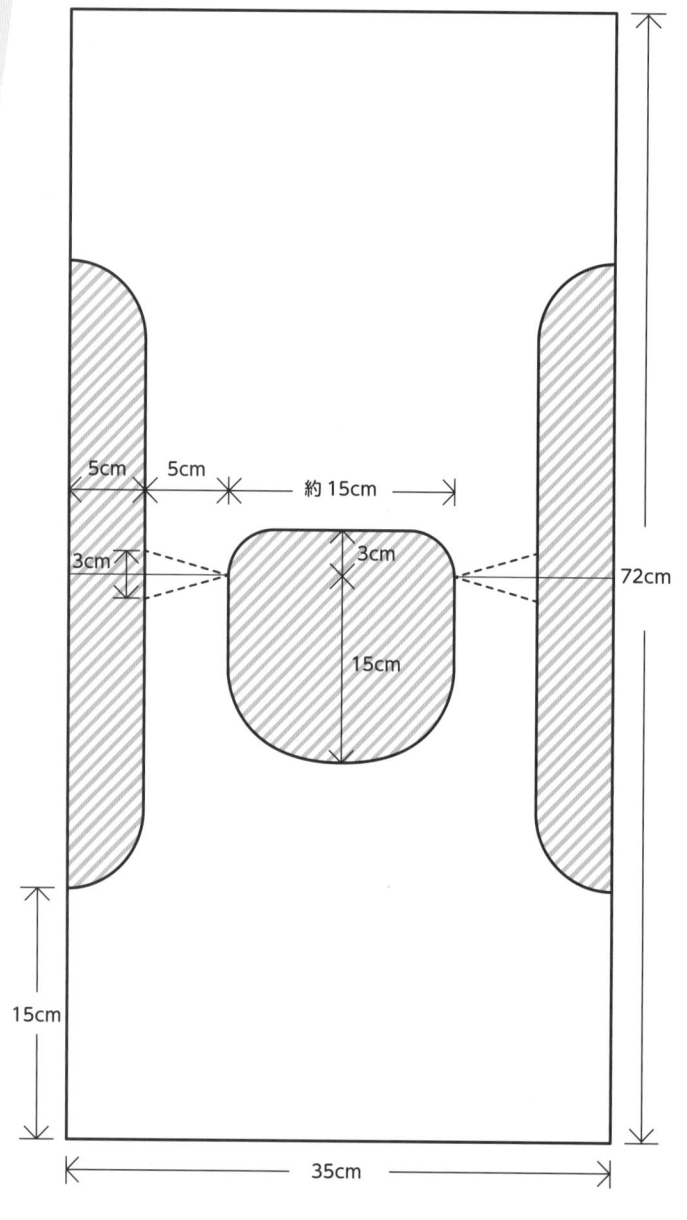

5cm　5cm　約15cm
3cm　3cm
15cm
72cm
15cm
35cm

*肩のところに3cmほどのダーツを取り、内側に折り込むと
　体に沿って動きやすいベストになります

基本のベストA（前あき）

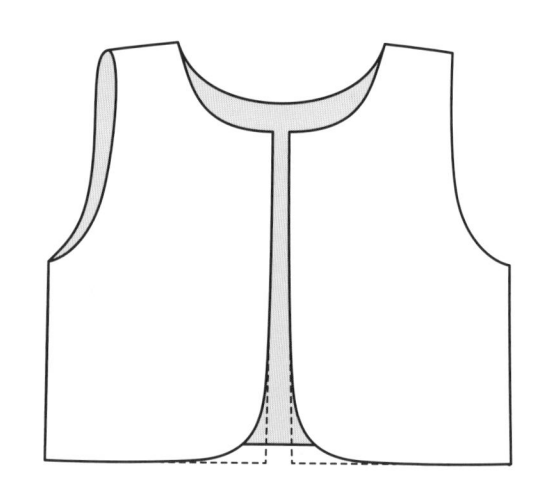

材料

カラーポリ袋（または不織布や布）

①型紙に合わせて裁つ
②肩のダーツを折り込んで
　セロハンテープで留める
③両脇を両面テープで
　留める
④前身ごろをカットして
　前あきにする

*すそは丸くカットしてもよい
*不織布・布の場合は②・③を糸で縫う

基本のベストB（後ろあき）

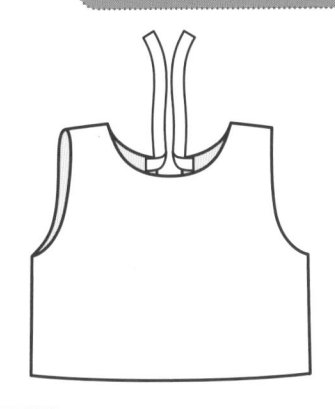

材料
カラーポリ袋（または不織布や布）

Aと同様に作り、④で後ろ身ごろをカットして後ろあきにする。
後ろにひもをつけて結ぶ。

（ロング）

子どもの身長に合わせ、ひざぐらいまでの丈に作る。
腰に不織布の帯を巻く。

基本のベストC（横あき）

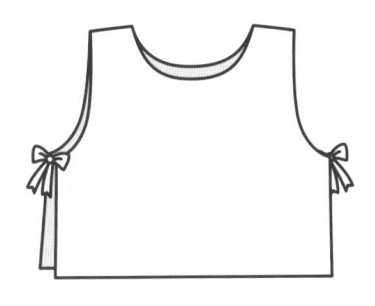

材料
カラーポリ袋（または不織布や布）

Aと同様に作り、③で両脇を留めずにひもをつけて結ぶ。

ベストのアレンジ

A（前あき）に太めのひもをつけて結ぶ。
光るテープで模様を貼る。

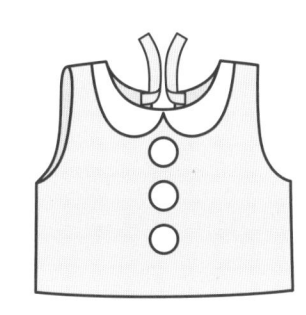

B（後ろあき）にえりをつける。
丸シールのボタンを貼る。

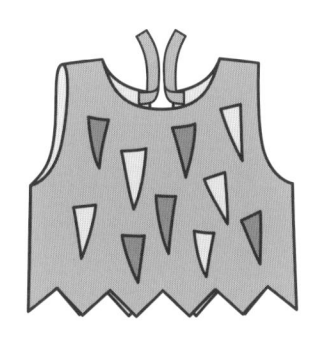

B（後ろあき）を毛皮のイメージに。
いろいろな色のカラーポリ袋を三角形に切って貼る。

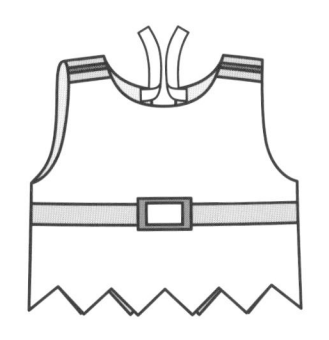

B（後ろあき）のすそをぎざぎざにカットする。
カラービニールテープでベルトなどの模様をつける。

スカートなど

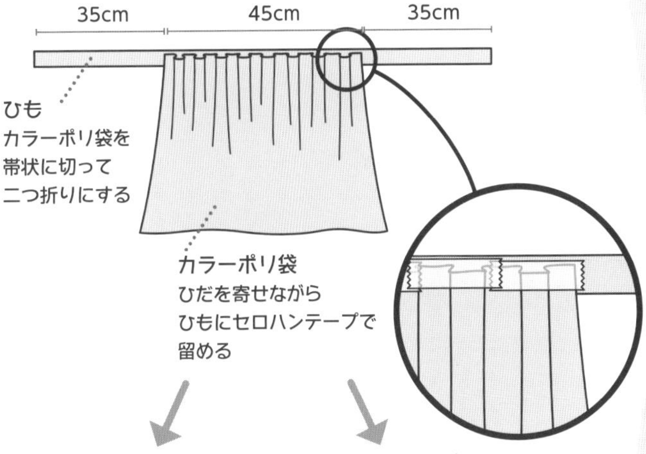

35cm / 45cm / 35cm

ひも
カラーポリ袋を帯状に切って二つ折りにする

カラーポリ袋
ひだを寄せながらひもにセロハンテープで留める

エプロン・エプロン型スカート
後ろで結ぶので動きやすい

長めに作り、正面でリボンを結ぶとドレス風に

3歳児 おおきな にんじん

作／阿部直美　イラスト／くるみ れな

うさぎの父さん・母さん・子どもがつながって、大きなにんじんを抜きます。「うんとこしょ」のかけ声がしぜんに出てくるオペレッタです。抜いたにんじんはアーチ形で、これをくぐってフィナーレを演じます。

登場人物
- うさぎ父
- うさぎ母
- 子うさぎ

・ナレーター：保育者
・大道具をサポートする保育者2名［A・B］

ポイント
♥ 歩き方やにんじんを引っぱる動作など、父さんは力強く、母さんはやさしく、子どもはかわいらしく、それぞれ、役の気持ちになって、キャラクターを出せると楽しくなります。

♥ 人数が多くて、1列につながって引っぱるのが難しい場合は、にんじんのまわりに集まって引っぱるとよいでしょう。

おおきな にんじん

衣装

- 全員［基本のベスト B］（→ 11ページ）をアレンジして着る
- 全員、うさぎの耳のお面（→ 9ページ）をつける

うさぎ父
- 耳のお面
- 色画用紙（グレー）
- 白
- 黒
- ［基本のベスト B］カラーポリ袋（シルバー）えりは V 字にカット
- カラービニールテープ（白）
- Tシャツ（黒）
- すそをカット
- タイツ（黒）
- ゴムのベルト
- 幅2cmの平ゴム（黒）
- 厚紙のバックル

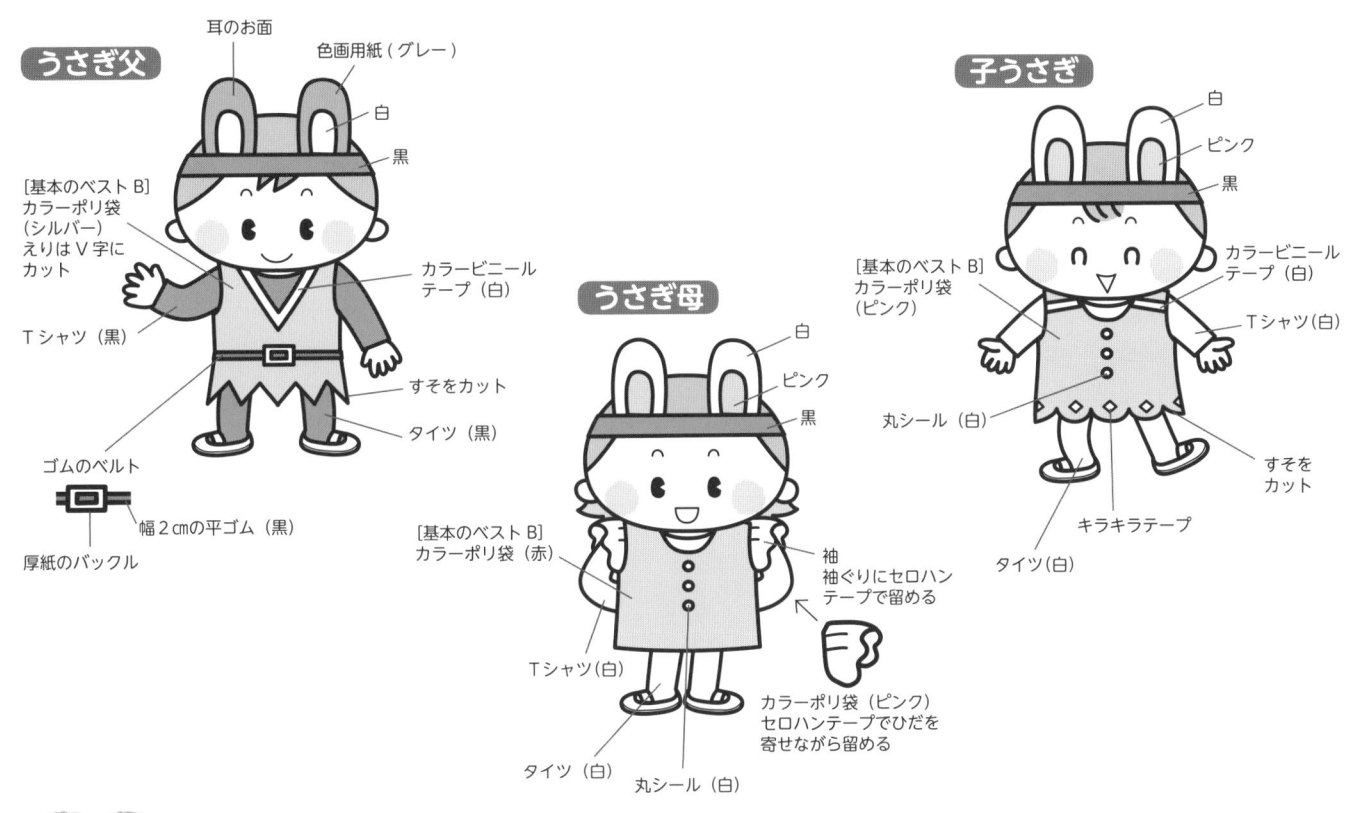

うさぎ母
- 白
- ピンク
- 黒
- ［基本のベスト B］カラーポリ袋（赤）
- Tシャツ（白）
- タイツ（白）
- 丸シール（白）
- 袖 袖ぐりにセロハンテープで留める
- カラーポリ袋（ピンク）セロハンテープでひだを寄せながら留める

子うさぎ
- 白
- ピンク
- 黒
- ［基本のベスト B］カラーポリ袋（ピンク）
- カラービニールテープ（白）
- Tシャツ（白）
- 丸シール（白）
- すそをカット
- キラキラテープ
- タイツ（白）

道具

にんじん
- 色画用紙（黄緑）
- 段ボール板
- カラービニールテープ（黒）
- 色画用紙（オレンジ）を貼る
- 色画用紙（緑）

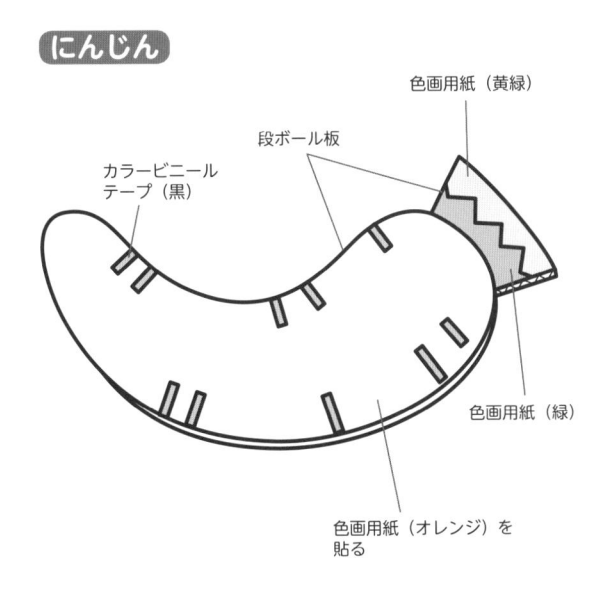

畑
- 表は色画用紙（ベージュ）を貼る
- 段ボール板
- （裏）
- 保育者がしゃがんで隠れられる高さに作る
- 段ボール箱など重さのあるものを支えにする
- この辺りは空けておく

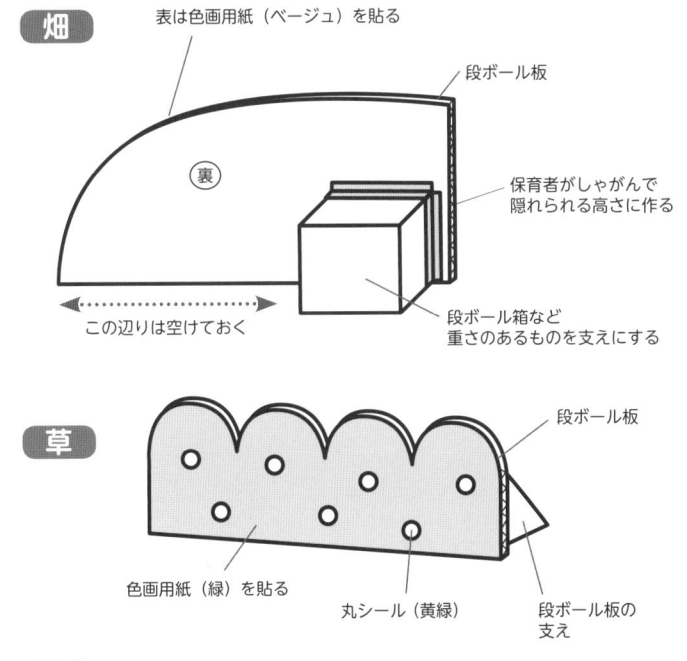

草
- 段ボール板
- 色画用紙（緑）を貼る
- 丸シール（黄緑）
- 段ボール板の支え

背景 模造紙に草や木を描いて貼る

13

脚本	舞台下手に畑を置く。にんじんを持った保育者Aが後ろに隠れ、葉だけを畑から出す。うさぎ父・母・子、保育者Bは上手袖で待つ。ナレーター（保育者）は下手袖に立つ。
ナレーター（声のみ）	うさぎさんの畑に、とっても大きなにんじんができました。うさぎのお父さんがやってきましたよ。さあ、にんじんはぬけるでしょうか。
うさぎ父	♪**ぴょん ぴょん ぴょんの歌** **1番** うさぎの　とうさん　やってきた ぴょんぴょん　ぴょんぴょん ぴょんぴょん　ぴょん うさぎ父が歌に合わせて登場。歌い終わったら、にんじんの近くに立つ。
うさぎ父	わあ！　大きなにんじん。ぬくよーっ！ ♪**ソーレ・ハイの歌** **1番** ソーレ　ハイ うんとこしょ（ソレ）　どっこいしょ（ハイ） うんとこしょ（ソレ）　どっこいしょ（ハイ） うんとこしょ　ぬけません「フウ～ッ」 うさぎ父は歌いながらにんじんを引っ張る。 保育者Aは子どもが持ちやすいように、にんじんを畑から少し出す。
ナレーター	おやおや、ぬけません。 そうだ、うさぎのお母さんに手伝ってもらいましょう。
うさぎ父	おかあさーん！ 上手に向かってうさぎ母を呼ぶ。
うさぎ母	ハーイ！ 幕の後ろから返事をする。 ♪**ぴょん ぴょん ぴょんの歌** **2番** うさぎの　かあさん　やってきた ぴょんぴょん　ぴょんぴょん ぴょんぴょん　ぴょん うさぎ母が登場。父の後ろに立つ。
うさぎ母	わあ！　大きなにんじん。ぬくよーっ！
うさぎ父・母	♪**ソーレ・ハイの歌** **1番**

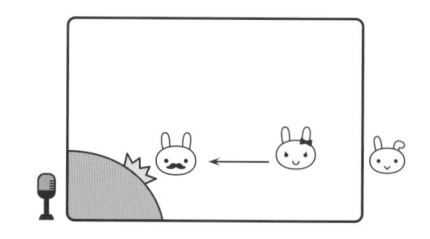

うさぎ父はにんじんに、母は父につかまってにんじんを引っ張る。
保育者Aはうさぎの動きに合わせてにんじんを動かす。

ナレーター	おやおや、まだぬけません。そうだ、うさぎの子どもたちにも手伝ってもらいましょう。
うさぎ父・母	子どもたちー！ 上手に向かって子うさぎを呼ぶ。
子うさぎ	ハーイ！ 幕の後ろから返事をする。

🎵 ぴょん ぴょん ぴょんの歌 3番

うさぎの こどもが やってきた
ぴょんぴょん ぴょんぴょん
ぴょんぴょん ぴょん

子うさぎが登場。母の後ろに立つ。

子うさぎ	わあ！ 大きなにんじん。ぬくよーっ！
全員	

🎵 ソーレ・ハイの歌 2番

ソーレ ハイ
うんとこしょ（ソレ）どっこいしょ（ハイ）
うんとこしょ（ソレ）どっこいしょ（ハイ）
うんとこしょ うんとこしょ うんとこしょ
スポーン 「わあ」ぬけました

スポーン

うさぎ父はにんじんに、母は父に、子は母につかまって、にんじんを引き抜く。
「スポーン」で保育者Aがにんじんを持って飛び出す。
保育者B、上手から登場し、Aとにんじんを持ってアーチをつくる。

全員	

🎵 にんじんだい！の歌

にんじんだい だいすきだい
たべたら ほらほら おみみも げんき
たべたら ほらほら にこにこ げんき
にんじんだい だいすきだい
だいだいだい だいだいだい
だいすきだーい

全員、舞台前方に並んで踊る。
間奏以降は、全員1列に並んで、歌いながら
アーチをくぐり、もとの場所に戻る。
後奏で客席に向かって手を振るうちに幕が下りる。

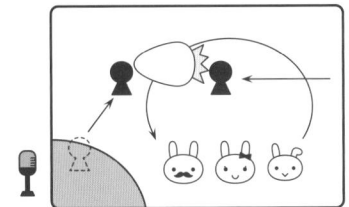

おしまい

おおきな にんじん

ぴょん ぴょん ぴょんの歌

作詞・作曲・振付／阿部直美

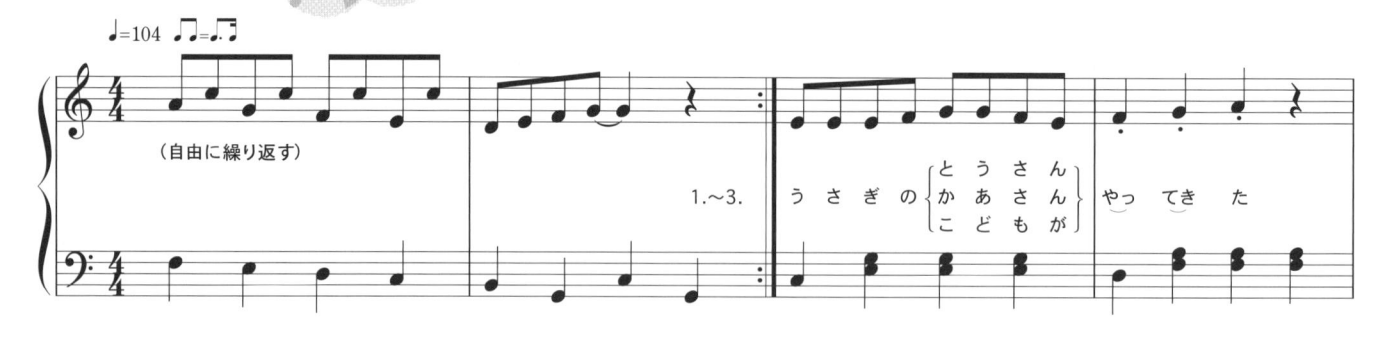

(自由に繰り返す)

1.～3. うさぎの ｛とうさん／かあさん／こどもが｝ やってきた

ぴょん ぴょん ぴょん ぴょん ぴょん ぴょん ぴょん

振付　1番

① 前奏（自由に繰り返す） 
元気に歩いて登場。

② うさぎの とうさん やってきた 
足踏みしながら手をたたく。

③ ぴょんぴょん……ぴょん 
その場でジャンプ。

④ 後奏（8呼間） 
気をつけの姿勢で、体の横を5回たたく。

2番
①前奏で母が登場。
②～④は父・母いっしょに踊る。

3番
①前奏で子が登場。
②～④は父・母・子いっしょに踊る。

ソーレ・ハイの歌

作詞・作曲・振付／阿部直美

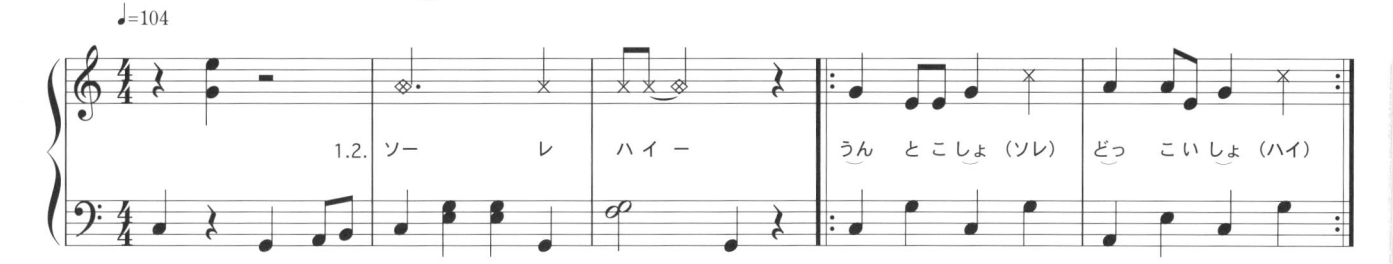

♩=104

1.2. ソー レ ハイー うん とこしょ（ソレ） どっ こいしょ（ハイ）

うー んとこしょ ぬけません 「フウ～ッ」 うー んとこしょ うー ん

と こ しょ スポーン 「わあ」 ぬけました

おおきな にんじん

振付

1番 1回目：父が踊る ① 前奏（4呼間）～ソーレ ハイ にんじんにつかまる。

② うんとこしょ（ソレ）
……どっこいしょ（ハイ）

体を「うんとこ」で前、「しょ（ソレ）」で後ろに倒す。これを4回繰り返す。

③ うーんとこしょ ぬけません

にんじんを引っ張りながら、両腕をふるわせる。

④ 「フウ～ッ」

にんじんから手を離し、正面を向いてしゃがむ。

1番 2回目：父・母が踊る。
①で父はにんじん、母は父につかまる。
②～④はその姿勢でいっしょに踊る。

2番
①で父はにんじんに、母は父に、子は母につかまる。②はその姿勢でいっしょに踊る。
③は体を1回目で後ろ、2回目で前、3回目で後ろに倒す。
④「スポーン」で父がにんじんから手を離し、にんじんを持った保育者Aが飛び出す。
⑤「わあ ぬけました」で全員バンザイをし、後奏で「ぬけた！」と言う。

ぬけた！

にんじんだい！の歌

作詞・作曲・振付／阿部直美

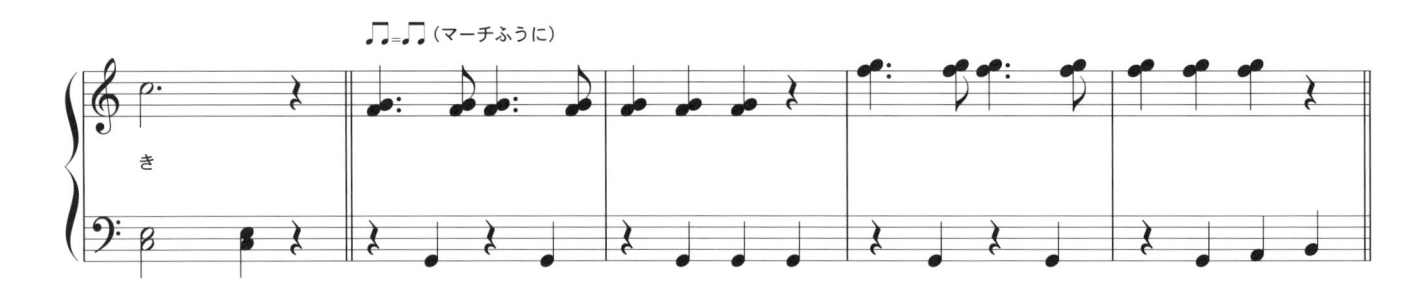

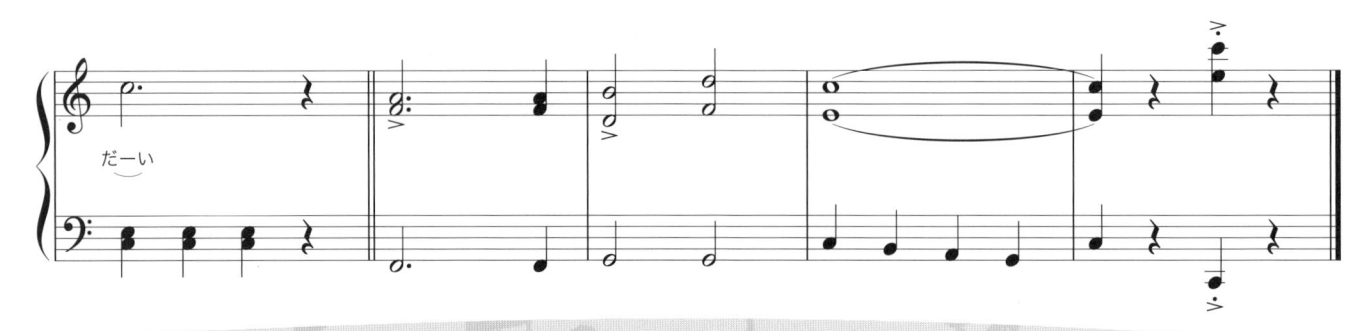

振付

① 前奏（16呼間）
足踏みをする。

② にんじんだい
「にんじん」で1回手をたたき、「だい」で顔の横に開く。

③ だいすきだい　たべたら　ほらほら
②を繰り返す。

④ おみみも　げんき
両手を上げ、2回ジャンプ。

⑤ たべたら　ほらほら　にこにこ　げん
②を繰り返す。

⑥ き
両手を上げ、3回ジャンプ。

⑦ 間奏（16呼間）
＋にんじんだい……だいすきだーい

間奏で1列に並んでにんじんのアーチをくぐり、もとの場所に戻る。後奏で客席に向かって手を振る。

おおきな にんじん

ポイント
- ⑦のアーチをくぐる場面は、舞台を大きく半周してくぐると動きがきれいに見えます。
- 慣れるまでは、舞台にビニールテープで歩く道を描いて、それに沿って進むように指導するなど、工夫してみましょう。

3びきのこぶたとおおかみ

3歳児

イギリス民話より　作／阿部直美　イラスト／みさき ゆい

3色に色分けした衣装を着ますが、黒こぶた・白こぶた・赤こぶたは役を分けず、全員で協力して、一軒ずつ家を造ります。シンプルなしぐさをみんなでいっしょに演じる、わかりやすい構成のオペレッタです。おおかみ役は、保育者が演じてもよいでしょう。

登場人物

- 黒こぶた
- 白こぶた
- 赤こぶた
- おおかみ

・・・・・・・・・・・・・・・・・・・

- ナレーター：保育者
- 大道具をサポートする保育者1名

ポイント

♥ 初めは、保育者がおおかみになり、子どもたち全員がこぶたになって演じてみましょう。慣れてきたら、今度は、子どもたちがおおかみ、保育者がこぶたになって、せりふのやりとりをしてみます。

♥ 動きがダイナミックなおおかみ役の楽しさがわかってきた頃に、それぞれの役に分かれて演じるとよいでしょう。

衣装

- こぶたは3色に分けた［基本のベストA］（→10ページ）を着て、耳のお面（→9ページ）をつける。
- おおかみは［基本のベストB］（ロング）（→11ページ）を着て、耳のお面をつける。

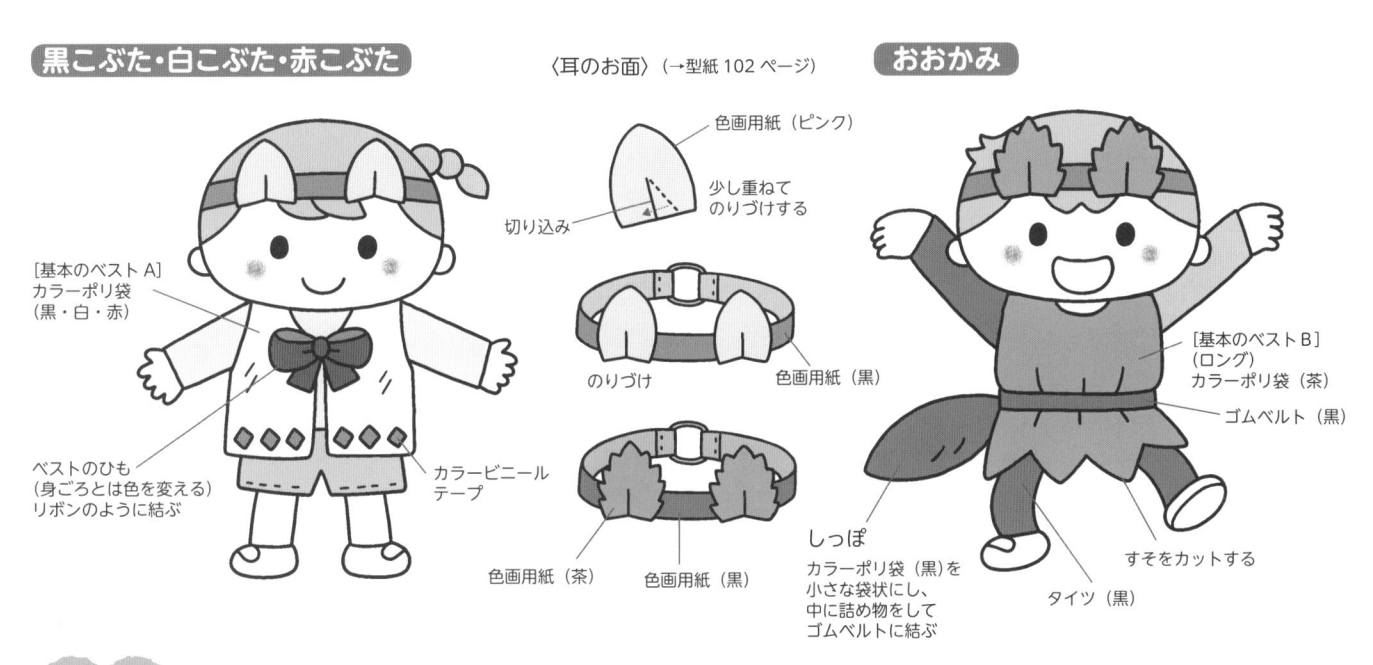

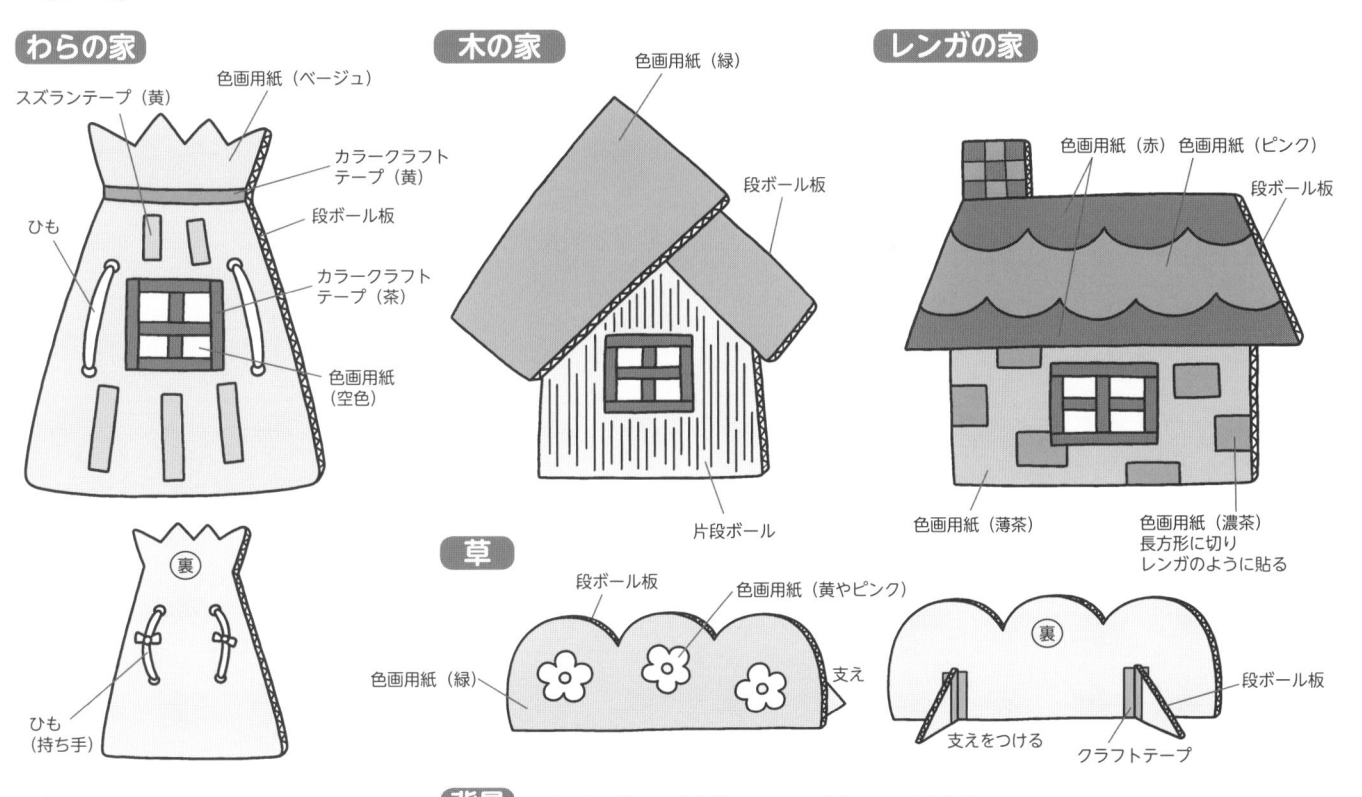

黒こぶた・白こぶた・赤こぶた

- ［基本のベストA］カラーポリ袋（黒・白・赤）
- ベストのひも（身ごろとは色を変える）リボンのように結ぶ
- カラービニールテープ

〈耳のお面〉（→型紙102ページ）

- 色画用紙（ピンク）
- 少し重ねてのりづけする
- 切り込み
- のりづけ
- 色画用紙（黒）
- 色画用紙（茶）
- 色画用紙（黒）

おおかみ

- ［基本のベストB］（ロング）カラーポリ袋（茶）
- ゴムベルト（黒）
- しっぽ　カラーポリ袋（黒）を小さな袋状にし、中に詰め物をしてゴムベルトに結ぶ
- すそをカットする
- タイツ（黒）

3びきのこぶたとおおかみ

道具

わらの家

- スズランテープ（黄）
- 色画用紙（ベージュ）
- カラークラフトテープ（黄）
- 段ボール板
- カラークラフトテープ（茶）
- 色画用紙（空色）
- ひも
- ひも（持ち手）
- （裏）

ほかの家も同様に持ち手をつける

木の家

- 色画用紙（緑）
- 段ボール板
- 片段ボール

レンガの家

- 色画用紙（赤）
- 色画用紙（ピンク）
- 段ボール板
- 色画用紙（薄茶）
- 色画用紙（濃茶）長方形に切りレンガのように貼る

草

- 段ボール板
- 色画用紙（黄やピンク）
- 色画用紙（緑）
- 支え
- 支えをつける
- クラフトテープ
- 段ボール板
- （裏）

背景

大きな模造紙に森の絵を描いて貼る／画用紙で作った雲を貼る

脚本

	ナレーター、舞台下手に立つ。こぶた、おおかみは下手袖で待つ。 3軒の家、大道具をサポートする保育者は上手袖で待つ。
ナレーター	あるところに、なかよしの3びきのこぶたちゃんが住んでいました。黒こぶたちゃーん！
黒こぶた	ハーイ！　ブウ、ブウーッ。 下手から黒こぶたが登場。中央に立つ。
ナレーター	白こぶたちゃーん！
白こぶた	ハーイ！　ブイ、ブイ。 白こぶたが登場し、黒こぶたの隣に並ぶ。
ナレーター	赤こぶたちゃーん！
赤こぶた	ハーイ！　ブ、ブ、ブウ。 赤こぶたが登場し、白こぶたの隣に並ぶ。
ナレーター	みんなでおうちをつくりましょう。 おおかみがきてもとばされない、じょうぶなおうちができるかな？
こぶたたち	できるよー！

♪ みんなでおうちをつくる歌 1番

> みんなで　おうちを　つくろう
> わらで　おうちを　つくろう
> サッサッサ　サッサッサ
> できあがり　ブーイ

こぶたたち、舞台中央で踊る。「できあがり」で上手から保育者がわらの家に隠れて登場し、こぶたの後ろに家を置く。こぶたたち、家の後ろに隠れて顔をのぞかせる。

ナレーター	あっ、おおかみがやってきました。 下手からおおかみが登場。家に近づく。
おおかみ	わらのうちだって？ こんなうち、ふきとばしちゃえ。

♪ とべとべ ふきとべの歌 1番

> とべとべ　ふきとべ　こんなうち
> ヘッヘッ　おいらの　はないきで
> いち　にの　さんの　しの　ピューッ

おおかみ、わらの家の近くで踊る。
「ピューッ」で保育者は家を持ち上げ、上手に退場する。

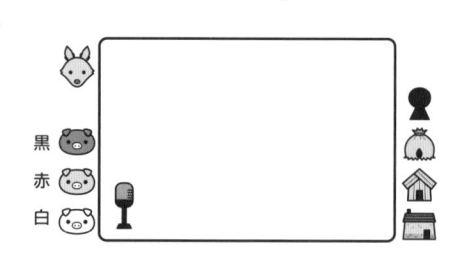

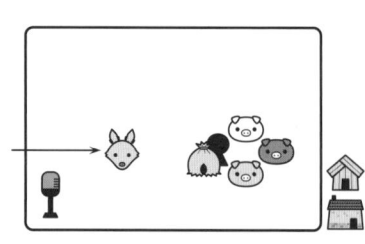

こぶたたち	たすけてー！
おおかみ	まてーっ、たべちゃうぞ！ 　　　こぶたたちは、舞台を大きくひとまわりして逃げる。 　　　おおかみはあとを追いかけ、そのまま下手に退場する。 　　　この間、それぞれ「たすけて！」「まてー！」のせりふを繰り返す。 　　　こぶたたち、舞台中央に集まる。
こぶたたち	もっと、じょうぶなうちをつくろう。

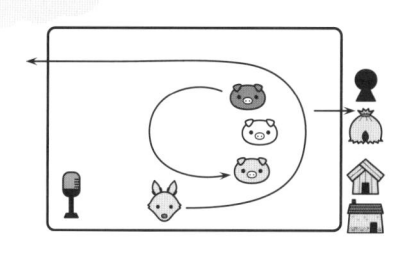

♪ **みんなでおうちをつくる歌** ②番

みんなで　おうちを　つくろう
きで　おうちを　つくろう
トントントン　トントントン
できあがり　ブーイ

　　　こぶたたちは舞台中央で踊る。わらの家と同様に、
　　　保育者が木の家を持ってくる。
　　　こぶたたち、家の後ろから顔をのぞかせる。

ナレーター	あっ、おおかみがやってきました。 　　　下手からおおかみが登場。家に近づく。
おおかみ	木のうちだって？ こんなうち、ふきとばしちゃえ。

♪ **とべとべ ふきとべの歌** ①番

　　　わらの家と同様に繰り返す。おおかみはこぶたたちを追いかけ、
　　　下手に退場。
　　　こぶたたちは、舞台中央に集まる。

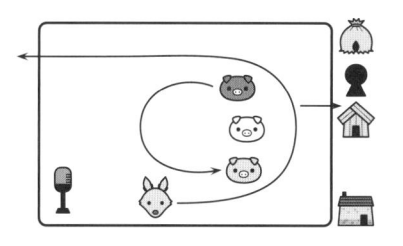

こぶたたち	もっと、じょうぶなうちをつくろう。

♪ **みんなでおうちをつくる歌** ③番

みんなで　おうちを　つくろう
レンガで　おうちを　つくろう
うんとこしょ　うんとこしょ
できあがり　ブーイ

　　　こぶたたちは舞台中央で踊る。
　　　わらの家と同様に、保育者がレンガの家を持ってくる。
　　　こぶたたち、家の後ろから顔をのぞかせる。

ナレーター	あっ、おおかみがやってきました。 　　　下手からおおかみが登場。家に近づく。

3びきのこぶたとおおかみ

おおかみ	レンガのうちだって？ こんなうち、ふきとばしちゃえ。

♪ **とべとべ ふきとべの歌 ②番**

とべとべ　ふきとべ　こんなうち
ヘッヘッ　おいらの　はないきで
いち　にの　さんの　しの　ピューッ
ピューッ　ピューウ

おおかみ、家の近くで踊る。
「ピューッ　ピューウ」で次第によろよろする。

おおかみ	うわぁー、目がまわるー。もうだめだー。

おおかみ、よろよろと下手に退場。
こぶたたち、家の後ろから舞台中央に出てくる。

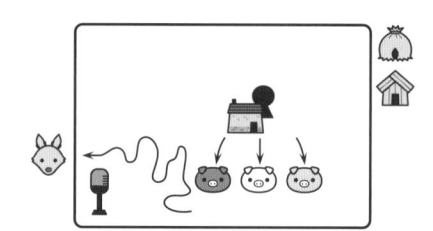

こぶたたち	

♪ **おおかみ にげだしたの歌**

ワーイ　ワーイ　よかったね
レンガの　おうちは
つよい　つよい　つよい
おおかみ　おおかみ　にげだした
ワーイ　ワーイ

こぶたたち、舞台中央で踊る。
下手からおおかみも登場し、客席に向かって手を振るうちに幕が下りる。

おしまい

おおかみ にげだしたの歌

作詞・作曲・振付／阿部直美

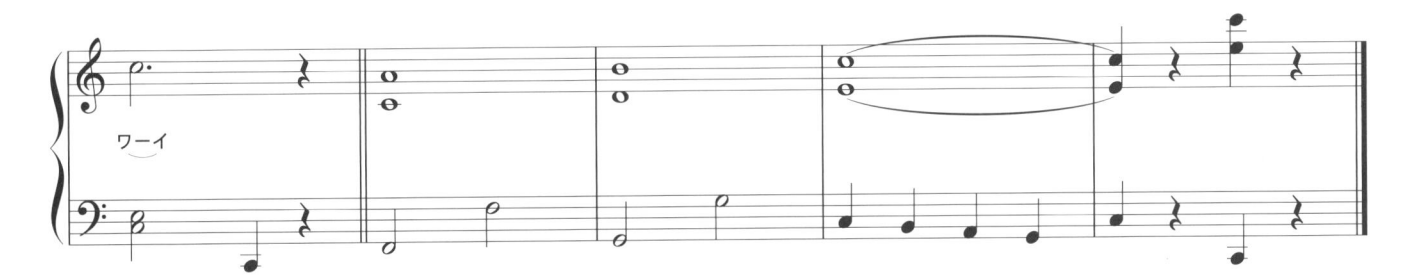

3びきのこぶたとおおかみ

振付

① **前奏（16呼間）** こぶたたちが家の後ろから出てきて1列に並ぶ。

② **ワーイ ワーイ よかったね**

「ワーイ」で1回ひざをたたき、次の「ワーイ」で手を顔の横に広げる。これを2回繰り返す。

③ **レンガの おうちは**

グーにした両手を腰につけ、ひざで2回リズムをとる。

④ **つよい つよい つよい**

片足を1歩ふみ出し、両手でドアをノックする動作を3回。

⑤ **おおかみ おおかみ にげだした**
③・④に同じ。

⑥ **ワーイ ワーイ**
②と同様に。ただし最後に、隣の人と手をつなぐ。

⑦ **後奏（16呼間）**
こぶたたち、つないだ手を上げる。おおかみ登場。こぶたたちの手の間から顔を出し、客席に向かって手を振る。

みんなでおうちをつくる歌

作詞・作曲・振付／阿部直美

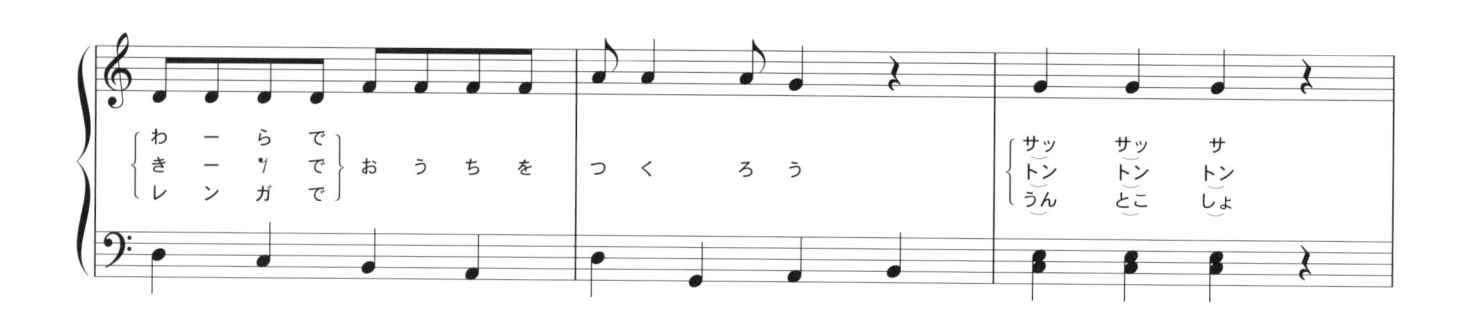

♩=104

1.~3. みんなで おうちを つく ろう

わらで / きで / レンガで おうちを つく ろう

サッ トン サッ トン サ トン / うん とこ しょ

サッ トン サッ トン サ トン / うん とこ しょ

で き あ が り ブーイ

演奏のポイント

○ 曲全体、符点音符のリズムを生かすように、明るくはずんで演奏しましょう。
○ 「サッサッサ」の部分は子どもたちの動作に合わせ、繰り返してもよいでしょう。

振付

1番

① 前奏（8呼間）～ みんなで おうちを つくろう

隣の人と手をつなぎ、その場でジャンプ。

② わらで おうちを つくろう

足踏みしながら手をたたく。

③ サッサッサ サッサッサ

三角形の頂点を目指すように両手を上げていく。これを2回繰り返す。

④ できあがり

しゃがんで体を縮め、小さくなる。

⑤ ブーイ～後奏（12呼間）

「ブーイ」で立ち上がってバンザイをする。後奏で手を振りながら、家の後ろに隠れる。

2番

1番と同様に。ただし「トントントントントントン」は両手をグーにして、上下に3回ずつ打ち合わせる。

3番

1番と同様に。ただし「うんとこしょ」は「うんとこ」で両手をグーにし、胸につけて中腰になり、「しょ」でガッツポーズで立つ。

3びきのこぶたとおおかみ

とべとべ ふきとべの歌

作詞・作曲・振付／阿部直美

振付

1番

① **前奏（8呼間）** おおかみ、家の近くに1列に並ぶ。

② とべとべ ふきとべ こんなうち

「とべとべ」で中腰になり、1回手をたたく。
「ふきとべ」で正面に向かって、両手を伸ばして立つ。これを2回繰り返す。

③ ヘッヘッ おいらの はないきで

②と同様に。ただし両手を家に向かって伸ばす。

3びきのこぶたとおおかみ

④ いち にの さんの しの

ひざで大きく4回リズムをとりながら、鼻の近くを4回たたく。

⑤ ピューッ

家に向かって、両手を大きく伸ばす。

⑥ **後奏（16呼間）**
こぶたたちは「たすけてー」と言いながら、舞台を大きくひとまわりして逃げる。
おおかみは「まてーっ」と言いながら、こぶたたちを追いかける。

2番

1番の①〜⑤と同様に。ただし「ピューッ」の繰り返しは、次第にふらふらになる様子を自由に表現する。

3〜4歳児 てぶくろ

ロシア民話より　作／阿部直美　イラスト／つかさ みほ

小さな手袋の中に、つぎつぎと動物たちがやってきます。最後にはとても大きなくまがやってきて、むりやり中に入ってしまいます。
「いれて」「いいよ」のやりとりが楽しい物語。同じメロディーを繰り返す、覚えやすいオペレッタです。

登場人物

- ねずみ
- かえる
- うさぎ
- きつね
- おおかみ
- いのしし
- くま

・ナレーター／おじいさん：保育者

ポイント

♥ 同じメロディーの繰り返しですが、ねずみ・かえるなど小さな動物のときは、速めのテンポで軽やかに、おおかみ・くまなどの大きな動物のときには、ゆっくりしたテンポでどっしりと演じます。ピアノの演奏で子どもたちをリードしましょう。

衣装

- ねずみ・かえる・うさぎ・きつねの小さな動物は[基本のベストC]（→11ページ）を着る。
- おおかみ・いのしし・くまの大きな動物とおじいさんは[基本のベストB]（→11ページ）を着る。
- 子どもたちは全員、それぞれの動物のお面（→9ページ）をかぶる。

てぶくろ

ねずみ・かえる・うさぎ・きつね

- [基本のベストC] カラーポリ袋 ねずみ・かえる・うさぎ・きつねで色を変えて作る
- 動物のお面
- 色画用紙（黒）
- カラービニールテープを貼る
- Tシャツ（白）
- 丸シール
- タイツ（白）

お面のデザイン（→型紙102～103ページ）

ねずみ／かえる／うさぎ／きつね／おおかみ／いのしし／くま

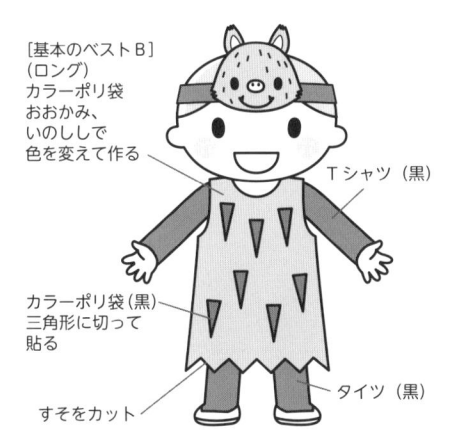

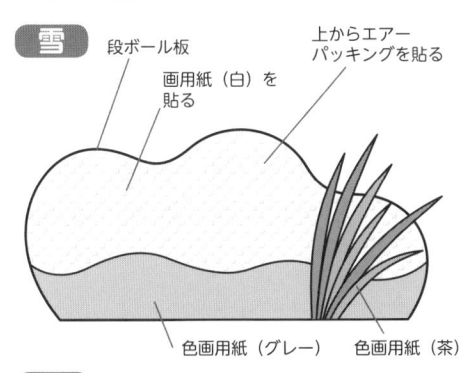

おおかみ・いのしし

- [基本のベストB]（ロング） カラーポリ袋 おおかみ、いのししで色を変えて作る
- Tシャツ（黒）
- カラーポリ袋（黒） 三角形に切って貼る
- すそをカット
- タイツ（黒）

くま

- [基本のベストB]（ロング） カラーポリ袋 おおかみ、いのししと違う色で作る
- 不織布の帯（黒）
- Tシャツ（黒）
- タイツ（黒）

おじいさん

- 毛糸の帽子
- [基本のベストB] カラーポリ袋（白）大人サイズで作る
- 素手
- 丸シール（黄）
- レッグウォーマー
- 手袋（道具の手袋と同じデザインに作る）
- 不織布（赤）2枚を両面テープで貼る
- 大きめに作る

道具

雪

- 段ボール板
- 画用紙（白）を貼る
- 上からエアーパッキングを貼る
- 色画用紙（グレー）
- 色画用紙（茶）

背景
雪の森の絵を描いて貼る

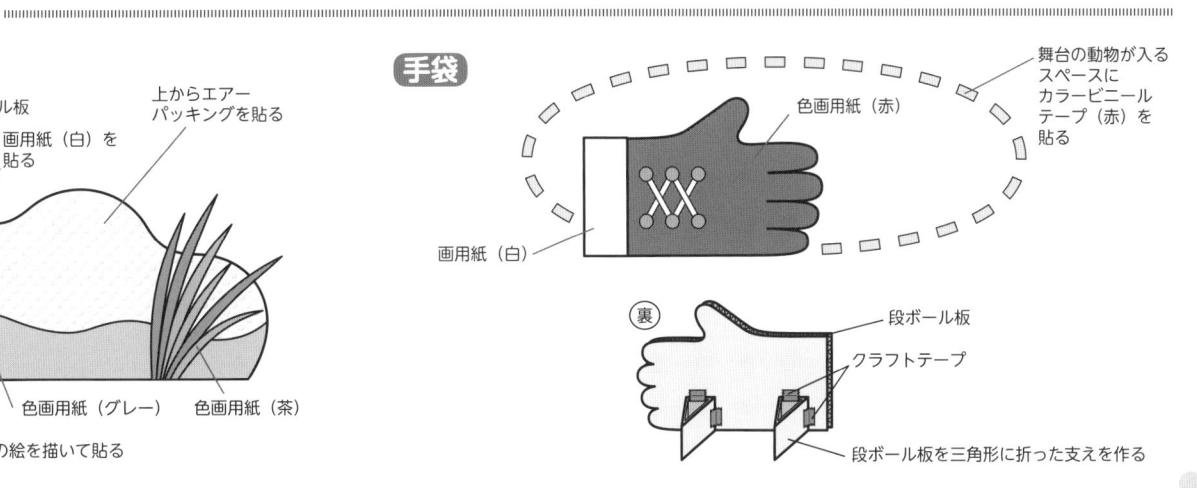

手袋

- 色画用紙（赤）
- 画用紙（白）
- 舞台の動物が入るスペースにカラービニールテープ（赤）を貼る

（裏）
- 段ボール板
- クラフトテープ
- 段ボール板を三角形に折った支えを作る

脚本

	舞台下手に雪、上手寄りに手袋を置く。 全員、舞台下手袖で待つ。 小さな動物は前方に、大きな動物は後方に並ぶ。 保育者はおじいさんの衣装を着て、舞台上手袖に立つ。
ナレーター（声のみ）	雪の森の中に、てぶくろが片方落ちていました。 ねずみが、これを見つけましたよ。
ねずみ	さむーい！

♪ **てぶくろ みつけたの歌** 速く

てぶくろ　てぶくろ　みつけた
はいっても　いいかな　てぶくろに
だって　そとは　さむいんだもん
いれてください　てぶくろに

　　　　　ねずみ、せりふを言いながら雪の手前から登場。
　　　　　手袋の近くで踊る。

ねずみ	いれて！ 片手を耳にあて、返事を聞くしぐさ。
ねずみ	はいっちゃおうっと！ 手袋の中にすわる。
ナレーター	そこに、かえるがやってきました。
かえる	さむーい！

♪ **てぶくろ みつけたの歌** 速く

　　　　　かえる、ねずみと同様に登場。手袋の近くで踊る。

かえる	いれて！ 片手を耳にあて、返事を聞くしぐさ。
ねずみ	いいよ！
かえる	ありがとう！ 手袋の中にすわる。
ナレーター	そこに、うさぎがやってきました。
うさぎ	さむーい！

♪ **てぶくろ みつけたの歌** 速く

　　　　　うさぎ、ねずみと同様に登場。手袋の近くで踊る。

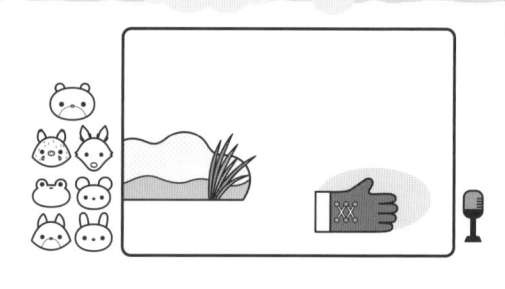

うさぎ	いれて！ 　　片手を耳にあて、返事を聞くしぐさ。
ねずみ・かえる	いいよ！
うさぎ	ありがとう！ 　　手袋の中にすわる。
ナレーター	そこに、きつねがやってきました。
きつね	さむーい！

🎵 **てぶくろ みつけたの歌** 速く

　　きつね、ねずみと同様に登場。手袋の近くで踊る。

きつね	いれて！ 　　片手を耳にあて、返事を聞くしぐさ。
ねずみ・かえる うさぎ	いいよ！
きつね	ありがとう！ 　　手袋の中にすわる。
ナレーター	ねずみ、かえる、うさぎ、きつねが、 てぶくろの中に入りましたよ。 みんな、あったかいので、おおよろこび！ 元気に歌を歌いました。
ねずみ・かえる うさぎ・きつね	

🎵 **ポカポカ ギュウギュウの歌** 1番

> どんなに　かぜが　ふいてきても
> どんなに　ゆきが　ふってきても
> てぶくろ　ポカポカ　あったかい
> えがおも　ポカポカ　あったかい

　　ねずみ、かえる、うさぎ、きつね、立ち上がり、手袋の中で踊る。
　　終わったら全員すわる。

ナレーター	おや、楽しそうな歌を聞きつけて、森の奥から 大きなおおかみがやってきました。
おおかみ	

🎵 **てぶくろ みつけたの歌** ゆっくり

　　おおかみ、雪の後方から登場。手袋の近くで踊る。
　　いのしし・くまは、曲の間に、舞台袖から雪の後ろへ進む。

てぶくろ

おおかみ	いれて！ 片手を耳にあて、返事を聞くしぐさ。	
ねずみ・かえる うさぎ・きつね	だめだめ！　もういっぱい！ 両手を前につき出し、おおかみを止めようとする。	
おおかみ	えーい、はいっちゃうぞ！ おおかみ、むりやり入る。	
4匹	わぁー、ぎゅうぎゅう……。	
ナレーター	こんどは、大きないのししがやってきました。	
いのしし	🎵 てぶくろ みつけたの歌 ゆっくり いのしし、雪の後ろから登場。手袋の近くで踊る。	
いのしし	いれて！ 片手を耳にあて、返事を聞くしぐさ。	
ねずみ・かえる うさぎ・きつね おおかみ	だめだめ！　もういっぱい！ 両手を前につき出し、いのししを止めようとする。	
いのしし	えーい、はいっちゃうぞ！ いのしし、むりやり入る。	
5匹	わぁー、ぎゅうぎゅう……。	
ナレーター	そこに、なんと、大きな大きなくまがやってきました。	
くま	🎵 てぶくろ みつけたの歌 ゆっくり くま、いのししと同様に登場。手袋の近くで踊る。	
くま	いれて！ 片手を耳にあて、返事を聞くしぐさ。	
ねずみ・かえる うさぎ・きつね おおかみ・いのしし	だめだめ！　もういっぱい！ 両手を前につき出し、くまを止めようとする。	
くま	いれてったら、いれて！	
6匹	だめだめ！　もういっぱい！ くまと6匹、やりとりを自由に繰り返す。	

くま	えーい、はいっちゃうぞ！ くま、むりやり入る。
6匹	わぁー、ぎゅうぎゅう……。
ナレーター	ねずみ、かえる、うさぎ、きつね、おおかみ、いのしし、くま……。 7匹もてぶくろの中に入り、ぎゅうぎゅう詰めで歌いました。
動物たち	♪ **ポカポカ ギュウギュウの歌** 2番 どんなに　かぜが　ふいてきても どんなに　ゆきが　ふってきても てぶくろ　ギュウギュウ　あったかい えがおも　ギュウギュウ　あったかい 全員、立ち上がり、手袋の中で踊る。終わったら全員すわる。
ナレーター （おじいさん）	と、そのときです。 （おじいさんの声で）「おーい、わしのてぶくろは、どこだー」 てぶくろを落としたおじいさんが、もどってきたようです。
動物たち	♪ **いそいで にげろの歌** いそいで　いそいで　いそいで　にげろ みつからないように　サッ　サッ　ササザ サッ　サッ　ササザ　いそいで　にげろ ＊サッ　サッ　ササザ＊（＊〜＊繰り返す） くまを先頭に1列に並んで逃げ、舞台を半周して退場。 上手よりおじいさん、登場。
ナレーター （おじいさん）	（おじいさんの声で） 「おお、ここに落ちていた。みつかってよかった……」 手袋を持って上手に退場。袖に入ってから、ナレーターのせりふを言う。
ナレーター	こうしててぶくろは、おじいさんが持って帰ってしまいましたが、森の動物たちは、今でも、てぶくろがまたどこかに落ちていないかさがしているんですって。
動物たち	♪ **ポカポカ ギュウギュウの歌** 3番 どんなに　かぜが　ふいてきても どんなに　ゆきが　ふってきても てぶくろ　ポカポカ　あったかい えがおも　ポカポカ　あったかい　てぶくろ 動物たち、下手より全員舞台に登場し、並んで踊る。 客席に手を振るうちに幕が下りる。

おしまい

てぶくろ みつけたの歌

作詞・作曲・振付／阿部直美

1〜4回　少し速く
5〜7回　ゆっくりと

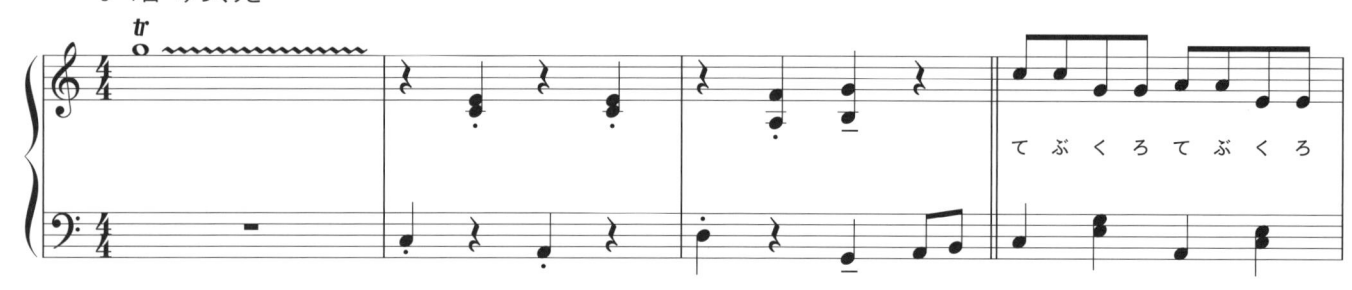

（楽譜）

歌詞：
てぶくろ てぶくろ みつけた はいってもいいかな てぶくろに だってそとは さむいんだもん いれてください てぶくろに

演奏のポイント

○小さい動物と大きい動物では、テンポが変わっている点に注意してください。
○前奏・後奏のスタッカート（♩）は軽く、跳ねすぎないように、テヌート（♩）は音の長さを保つように演奏します。
○トリル（tr）は、オクターブ上のソとラを「ソラソラ……」と速く弾きます。曲の始まる合図になるので、しっかり鳴らします。

振付

① 前奏（12呼間）

役の動物らしい表現を自由にしながら、手袋に近づく。

② てぶくろ　てぶくろ　みつけた

手袋の方を向き、足踏みしながら手をたたく。

③ はいっても　いいかな　てぶくろに

手袋を大きく4回指さす。

④ だって　そとは　さむいんだもん

正面を向き、なわとびのように、4回ジャンプ。

⑤ いれて　ください　てぶくろに

「いれて」で両手をグーにして胸につけ、ひざを軽く曲げる。
「ください」で両手を広げて前に出し、ひざを伸ばす。
これを2回繰り返す。

⑥ 後奏（4呼間）

⑤のひざを伸ばしたポーズで止まる。

ポイント

♥動物たちが登場する場面は、はじめは36ページの楽譜のように演奏しますが、慣れてきたら、この曲の前に41ページの登場の音楽を使ってみましょう。小さな動物は速めのテンポで、かえるやうさぎははずんで跳ねるように、大きな動物はゆっくりしたテンポで演奏します。

♥このように音楽の力で表現を引き出すことも大切ですが、同時に物語を何度も繰り返して語り、それぞれの動物の動きをイメージさせることも、表現力を高める上で重要なポイントになります。

ポカポカ ギュウギュウの歌

作詞・作曲・振付／阿部直美

1.3. どんな かぜが (拍手) ふいてきて
2. どんな かぜが (拍手) ふいてきて
も (拍手) どんな ゆきが (拍手) ふってきて も (拍手)
も (拍手) どんな ゆきが (拍手) ふってきて も (拍手)

てぶくろ ポカポカ あったかい えがおも
てぶくろ ギュウギュウ あったか えがおも

ポカポカ あったかい
ギュウギュウ あったか い

てぶくろ

振付 　1番

① 前奏（7呼間）＋どん

隣の人と手をつなぎ、立ち上がる。
手を軽く振ってリズムをとる。

② なに　かぜが

両手を開いて左右に振る。

③ 休符

大きく2回手をたたく。

④ ふいてきても……ふってきても（休符）

②・③を繰り返す。

⑤ てぶくろ

右を向き、両手のひらを自分の方に向ける。

⑥ ポカポカ　あったかい

正面を向き、「ポカ」でグーにした両手を胸の前で組み、
次の「ポカ」でひじを左右に上げる。これを3回繰り返す。

⑦ えがおも……あったかい　⑤・⑥と同様に。ただし、⑤は左を向く。

2番

1番と同様に。ただし、
以下は変える。

⑥「ギュウギュウ　あったかい」は
1番のしぐさを、足踏みしながら
大きく行う。

3番

1番と同様に。ただしフィナーレは
以下を加える。

⑧間奏（8呼間）①に同じ。

⑨「てぶく」でつないだ手を
後ろに引き、おじぎする。

⑩「ろ＋後奏（8呼間）」の「ろ」で
手を高く上げる。後奏で右足を
1歩前に出し、上げた手を離して振る。

てぶくろ

いそいで にげろの歌

作詞・作曲・振付／阿部直美

♩=126 ささやくように歌う

歌詞：
いそいでいそいで いそいでにげろ
みつからないように
サッ サッ ササササッ サッ サササ
いそいでにげろ
サッ サッ ササササッ サッ サササ

（自由にくり返す）

振付
くまを先頭に7匹が1列になり、走って逃げる。
舞台を半周して下手に退場。

演奏のポイント
リピート部分は、子どもの動きを見ながら、自由に繰り返します。子どもの退場に合わせ、だんだん音を小さくして、フェイドアウト。

登場の音楽

作曲／阿部直美

〈小さな動物　登場の曲〉

♩=112（ねずみ）（きつね）

慣れてきたら36ページの「てぶくろ みつけたの歌」の前に演奏し、この曲に合わせて、動物たちが登場するようにしてみましょう。

〈跳ねる動物　登場の曲〉

♩=112（かえる）（うさぎ）

〈大きな動物　登場の曲〉

♩=100（おおかみ）（いのしし）　♩=90（くま）

くまは、ペダルを使います。ペダルは（Ped.）で踏み、（※）で足を離します。ペダルを踏みつづけると、音がにごるので注意しましょう。

てぶくろ

4〜5歳児 うらしまたろう

日本民話より　作／阿部直美　イラスト／くるみ れな

かめが、うらしまたろうを竜宮城につれて行きます。おみやげにもらったとても大きい玉手箱！　箱を開けると……、なんと、おじいさんに変身します。魚はロック、かめは音頭など、特徴のあるメロディーがつぎつぎと出てくる、踊りが楽しいオペレッタです。

登場人物
- うらしまたろう
- かめ
- 魚
- 乙姫
- ナレーター

背景と玉手箱をサポートする保育者

ポイント
♥竜宮城のパーティーでは、それぞれの役が個性的な踊りを披露します。ナレーターは、司会者として、拍手や音頭の手拍子に観客も参加してもらうよう声をかけ、みんなでパーティーを盛り上げます。演目の紹介のとき、保育者から客席に協力を呼びかけておくとよいでしょう。

衣装

うらしまたろう

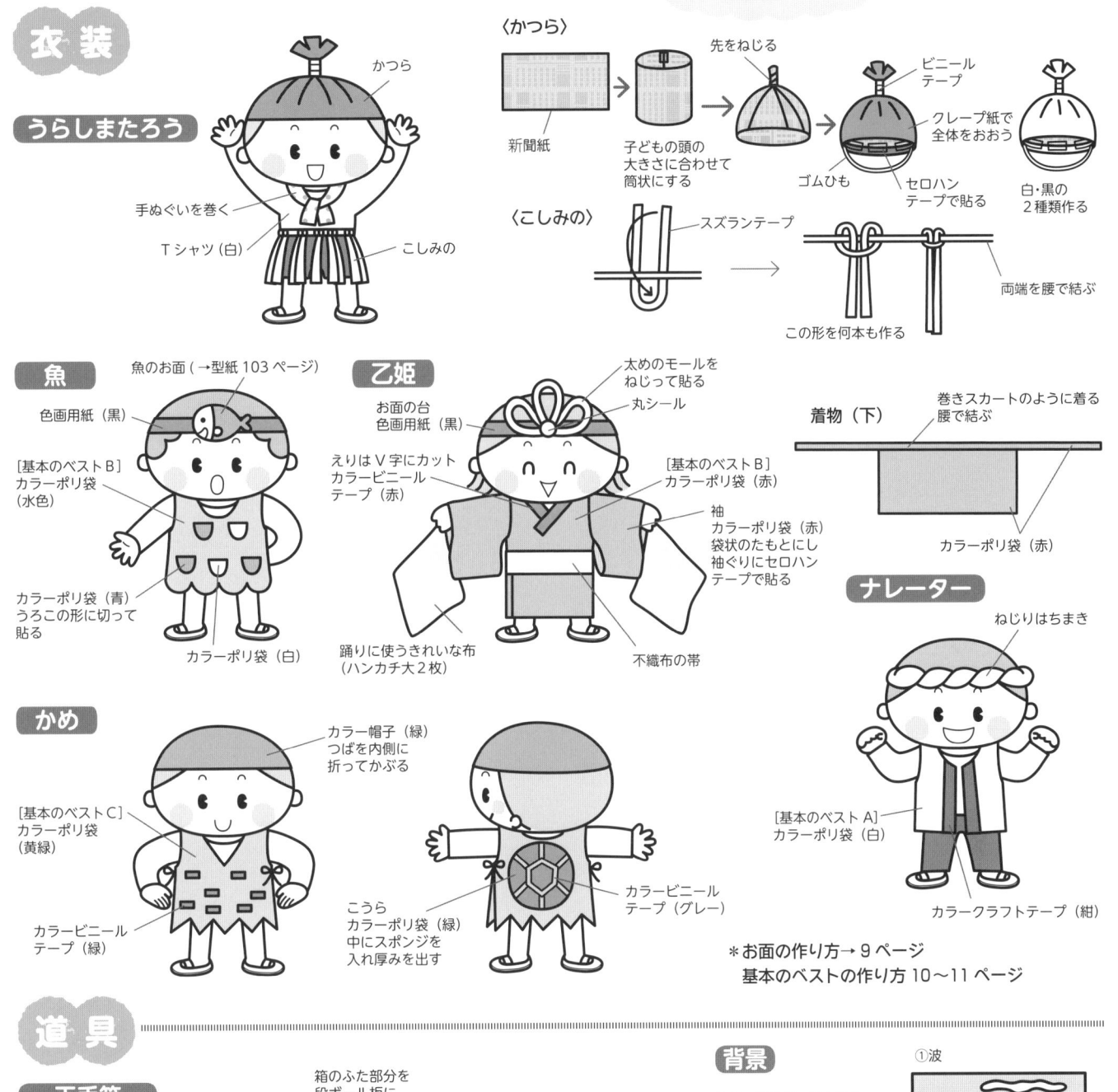

- かつら
- 手ぬぐいを巻く
- Tシャツ（白）
- こしみの

〈かつら〉
- 新聞紙
- 子どもの頭の大きさに合わせて筒状にする
- 先をねじる
- ビニールテープ
- クレープ紙で全体をおおう
- ゴムひも
- セロハンテープで貼る
- 白・黒の2種類作る

〈こしみの〉
- スズランテープ
- この形を何本も作る
- 両端を腰で結ぶ

魚
- 魚のお面（→型紙103ページ）
- 色画用紙（黒）
- ［基本のベストB］カラーポリ袋（水色）
- カラーポリ袋（青）うろこの形に切って貼る
- カラーポリ袋（白）

乙姫
- 太めのモールをねじって貼る
- 丸シール
- お面の台 色画用紙（黒）
- えりはV字にカット カラービニールテープ（赤）
- ［基本のベストB］カラーポリ袋（赤）
- 袖 カラーポリ袋（赤）袋状のたもとにし袖ぐりにセロハンテープで貼る
- 踊りに使うきれいな布（ハンカチ大2枚）
- 不織布の帯

着物（下）
- 巻きスカートのように着る 腰で結ぶ
- カラーポリ袋（赤）

ナレーター
- ねじりはちまき
- ［基本のベストA］カラーポリ袋（白）
- カラークラフトテープ（紺）

かめ
- カラー帽子（緑）つばを内側に折ってかぶる
- ［基本のベストC］カラーポリ袋（黄緑）
- カラービニールテープ（緑）
- こうら カラーポリ袋（緑）中にスポンジを入れ厚みを出す
- カラービニールテープ（グレー）

＊お面の作り方→9ページ
基本のベストの作り方10〜11ページ

道具

玉手箱
- リボン
- 色画用紙
- 箱のふた部分を段ボール板に差し込む
- 空き箱
- のりづけ
- 白い布（煙）
- 貼る
- 厚手の段ボール板
- のり
- ひも
- クラフトテープで貼る
- 白いかつらを入れる
- 結び目
- 表
- 丸シール（模様を作る）

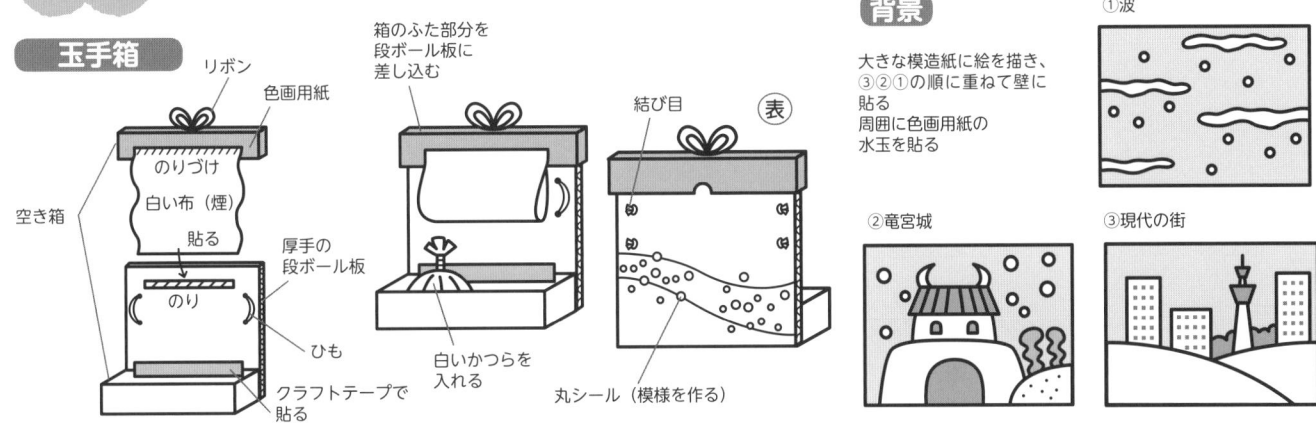

背景

大きな模造紙に絵を描き、③②①の順に重ねて壁に貼る
周囲に色画用紙の水玉を貼る

① 波
② 竜宮城
③ 現代の街

脚本	乙姫・かめは上手袖で待つ。乙姫はたもとに布を入れておく。 舞台中央に黒いかつらのうらしまたろう、下手にナレーターが立つ。 魚・サポートの保育者は下手袖で待つ。玉手箱は下手袖に置く。 背景は③②①の順に重ねて貼り、①を見せる。
ナレーター	むかしむかし、あるところに、うらしまたろうという若者が住んでいました。 ある日、浜辺を歩いていると、かめがやってきました。 かめ、上手から登場。うらしまたろうの前に片ひざをついてすわる。 ナレーター、下手に退場。
かめ	うらしまたろうさん、うらしまたろうさん。

♪ **わたしはかめですの歌** 1番

わたしは　かめです　ほら　いつか
こどもに　いじめられて　いたときに
たすけてもらった　かめです

うらしまたろう	げんきになってよかったね。
かめ	

♪ **わたしはかめですの歌** 2番

わたしの　せなかに　つかまって
りゅうぐうじょうに　いきましょう
おとひめさまが　まってます

かめがうらしまたろうの前で踊る。

うらしまたろう	それはおもしろそうだ。

♪ **ザブン　ザブンの歌** 1番

かめの　せなかに　のっていくよ
うみの　なかを　ザブンザブン
ザブンザブン　ザブンザブン
りゅうぐうじょうに　ついたよ

うらしまたろう、かめの肩に両手を置き、舞台をひとまわりする。
保育者、背景①をはずし、②を見せる。
うらしまたろう・かめ、舞台中央、竜宮城の前に立つ。

上手から乙姫、下手から魚が登場、うらしまたろうのそばに並ぶ。
ナレーター登場。下手前方に立つ。

乙姫	うらしまたろうさま、ようこそ、りゅうぐう城へ！
魚たち	ようこそ、りゅうぐう城へ！
乙姫	きょうは、みんなで楽しくすごしましょう。

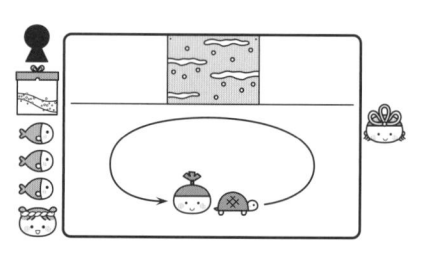

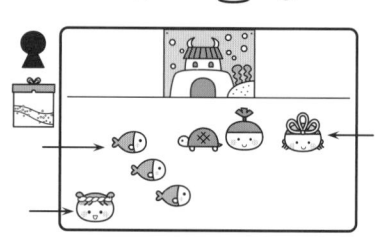

魚たち	楽しくすごしましょう。
うらしまたろう	ありがとう。
ナレーター	りゅうぐう城のパーティーの、はじまりはじまり〜！
魚たち	

♪ **りゅうぐうロック**　1番

おいで　おいでよ　りゅうぐうじょう　ワォ
しんじゅと　さんごの　パラダイス　ワォ
たいも　ひらめも　おどってる　イェイ

2番

おいで　おいでよ　りゅうぐうじょう　ワォ
おとひめさまの　パラダイス　ワォ
たこも　くらげも　おどってる　イェイ
りゅうぐうロック　りゅうぐうロック
りゅうぐうロック　イェイ

　　　魚たち、前に出て、並んで踊る。

ナレーター	これはすばらしい！　みなさま、はくしゅを……。 　　　会場の観客にも拍手を促す。 　　　魚たち、後ろに戻り、かめが前に出る。
かめ	「めでたい　おんど」をうたいます。 　それでは、手拍子をごいっしょに、ソーレ。 　　　観客にも促し、いっしょに手拍子をとる。

♪ **めでたい　おんど**　1番

めでたい　めでたい　おめでたい　（ソレ）
つるは　せんねん　かめ　まんねん　（ハイ）
じょうぶで　げんきな　かめさんは　（ヨイショ）
りゅうぐうじょうの　にんきもの

　　　かめ、踊る。

かめ	さあ、うらしまたろうさんも　いっしょにおどりましょう。 　　　かめ、うらしまたろうの手をひいて、前方につれて来る。
かめ うらしまたろう	

♪ **めでたい　おんど**　2番

めでたい　めでたい　おめでたい　（ソレ）
つるは　せんねん　かめ　まんねん　（ハイ）
こころ　やさしい　うらしまさん　（ヨイショ）
りゅうぐうじょうの　にんきもの
ソレ　ソレ　ソーレ　ヨーイトナ

　　　かめとうらしまたろう、いっしょに踊る。

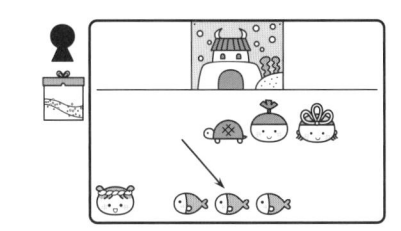

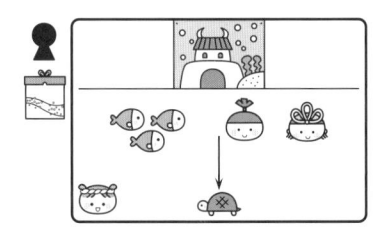

ナレーター	これはおもしろい！　みなさん、はくしゅを！ 　　出演者・観客、拍手。 　　かめ、うらしまたろうが後ろに戻り、乙姫が前に出る。 　　乙姫はたもとから布を出す。
乙姫	では、かめを助けていただいたおれいに、心をこめて 「りゅうぐうじょうのワルツ」をうたいます。

> ♪ **りゅうぐうじょうのワルツ**
>
> **1番**
> あおいなみが　ゆれて　ひかりが　かがやく
> ゆめの　せかいよ　りゅうぐうじょう
>
> **2番**
> ときが　すぎることも　わすれてしまうの
> ふしぎな　せかいよ　りゅうぐうじょう
> たのしいことが　つづくように

　　乙姫、踊る。

ナレーター	これはすばらしい！　みなさま、はくしゅを！ 　　全員で拍手。乙姫は布をたもとにしまう。 　　うらしまたろう、前に出て、乙姫のそばに立つ。 　　魚たち・かめ、乙姫の周りに集まる。
うらしまたろう	楽しかったけれど、もう帰らなくては。
乙姫・かめ・魚たち	帰らないでください。
うらしまたろう	いやいや、もう帰らないと……。 　　「帰らないで」「帰らないと」のやりとりを何回か繰り返す。 　　その間に保育者が玉手箱を持ってきて中央に立てる。 　　保育者は後ろに隠れる。
魚たち	しかたありません。では、おみやげに、 この、たまてばこをさしあげます。
乙姫	この箱は、ほんとうにこまったときまで、 ぜったいに開けてはなりません。 いつまでも大切に持っていてくださいね。
うらしまたろう	ありがとうございます。さようなら、乙姫さま。
乙姫・魚たち	さようなら、さようなら。 　　全員、手を振り合う。 　　乙姫・魚たち、下手に退場。

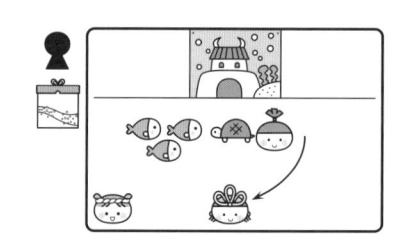

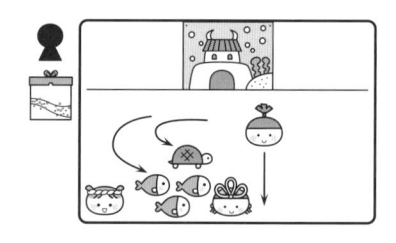

うらしまたろう	♪ ザブン ザブンの歌 　2番

かめの　せなかに　のってかえる
うみの　なかを　ザブンザブン
ザブンザブン　ザブンザブン
なつかしいむらに　ついたよ

うらしまたろう、かめの肩に両手を置く。後ろに、玉手箱を持った保育者が続く。舞台をひとまわりして、下手に退場。
そのあと、保育者は背景②をはずし、③を見せる。

ナレーター　こうしてうらしまたろうは、村に帰ってきましたが、どうしたことでしょう。
あたりは、すっかり変わっていました。

うらしまたろう、下手よりとぼとぼと登場。玉手箱を持った保育者が続く。

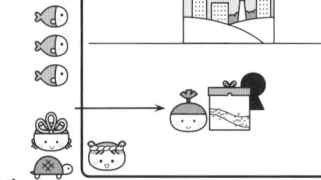

うらしまたろう　♪ ほんとうに こまったなの歌

だれもしらない　ひとばかり
ほんとうに　こまったな
どうしよう　「そうだ」
たまてばこを　あけよう　「よいしょ」

うらしまたろう、ふたを開けるしぐさ。
保育者はそのしぐさに合わせ、ふたを持ち上げて、煙を揺らす。

うらしまたろう　うわぁーっ！
箱の後ろに入り、白いかつらに取り替えて出てくる。

うらしまたろう　これは……どうしたことじゃ。
しらがのおじいさんになってしまった。
へなへなとしゃがみこむ。

ナレーター　うらしまたろうがりゅうぐう城にいた間に、なんと、300年もたっていたのです。

うらしまたろう、立ち上がる。乙姫・魚たち・かめ、下手より登場。
ナレーターも中央に出てくる。保育者は玉手箱を持ち、上手に退場。

全員　♪ めでたい おんど　3番

ふしぎな　ふしぎな　ものがたり　（ソレ）
あけて　びっくり　たまてばこ　（ハイ）
うらしまたろうは　おじいさん　（ヨイショ）
むかしむかしの　ものがたり
ソレソレ　ソーレ　ヨーイトナ
ソレソレ　ソーレ　ヨーイトナ

全員中央に並び、歌い踊るうちに幕が下りる。

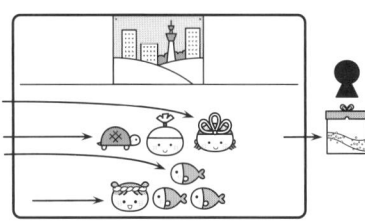

おしまい

わたしはかめですの歌

作詞・作曲・振付／阿部直美

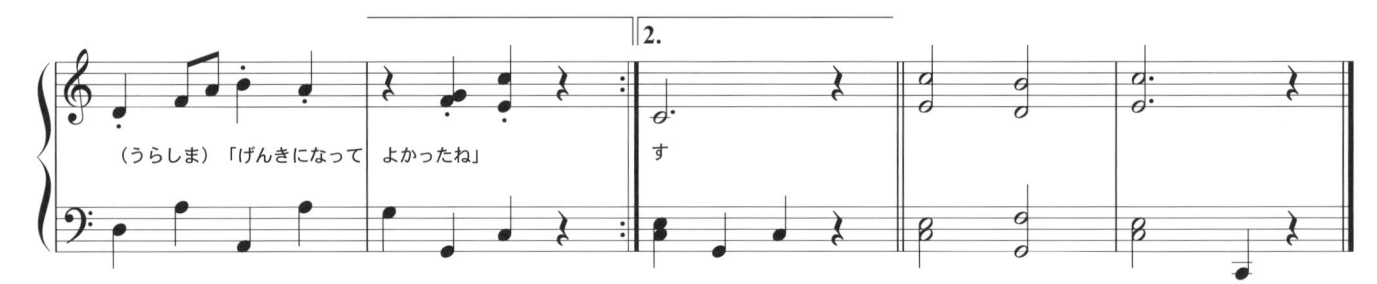

1. わたしはかめです
2. わたしのせなかに

ほらいつか
つかまって

こどもにいじめられて
りゅうぐうじょうに

いたときに
いきましょう

たすけてもらった
おとひめさーまが

かめで
まってま

す

（うらしま）「げんきになって よかったね」

す

振付　1番

① 前奏（8呼間） 
うらしまたろうの方を向き、片ひざをついてすわる。両手は立てたひざの上に重ねる。

② わたしは　かめです 
両手をうらしまたろうに差し出し、2回振る。

③ ほら　いつか 
両手を伸ばしたまま、3回手をたたく。

④ こどもに　いじめられて　いたときに
両手をグーにし、「こどもに」で右手をつき上げ、左手は肩の高さ、「いじめられて」で左右の手を入れ替える。これを2回繰り返す。

⑤ たすけて　もらった　かめです
②・③と同様に。ただし③で7回手をたたく。

⑥ 間奏（12呼間）
うらしまたろうがせりふを言う。
かめは両手を胸の前に組み、ゆっくりおじぎをする。

2番

1番の②〜⑥と同様に。
ただし⑥後奏はかめの動作のみ。

ザブン ザブンの歌

作詞・作曲・振付／阿部直美

うらしまたろう

♩=118

1. かめのせなかに のっていくよ うみのなかを ザブン ザブン
2. かめのせなかに のってかえる うみのなかを ザブン ザブン

ザブン ザブン ザブン ザブン りゅうぐうじょうに
ザブン ザブン ザブン ザブン なつかしい むらに

ついた
ついた
よ

振付

1番
うらしまたろうがかめの肩に両手を置き、2人で歌いながら舞台を1周する。かめは平泳ぎのように手を動かすとよい。

2番
1番と同様に。ただし、舞台を大きくまわり、下手に退場。玉手箱を持った保育者もついて行く。

りゅうぐうロック

作詞・作曲・振付／阿部直美

♩=130

1. お いで—
2. お いで—

おい でよー
おい でよー
りゅう ぐう
りゅう ぐう
じょう ワォ
じょう ワォ
しん じゅと
お と ひめ
さん ごの
さー まの

パ ラ ダイ
パ ラ ダイ
ス ワォ
ス ワォ
たい もー
たこ もー
ひらめ もー
くらげ もー
おどって
お ど って

1. る イェイ
2. る イェイ
りゅう ぐう
ロック
りゅう ぐう

ロック
りゅう ぐう
ロック イェイ
—

演奏のポイント

2段目2小節目の「りゅうぐう」 の「ぐう」のように、8分音符と符点4分音符が並ぶリズムを正しくとることができると、のりのよいロック風に。

振付 1番

① 前奏（8呼間） 立って曲を聞く。

② 前奏（8呼間）

両手のひらを合わせ、自由にくねくねと動かす。

③ おいで おいでよ

右を向き、ジャンプしながら、おいでおいでのしぐさを4回。

④ りゅうぐうじょう ②に同じ。

⑤ ワォ

両手のひらを上に向け、片足を上げてポーズ。

⑥ しんじゅと さんごの パラダイス ワォ
③・④・⑤と同様に。ただし、③は左を向く。

⑦ たいも ひらめも

両手を胸の前で交差させ、大きく2回まわす。

⑧ おどってる ②に同じ。

⑨ イェイ

右手でVサインをし、足を1歩前に踏み出しながら、前に伸ばす。左手は腰につける。

2番

1番の②〜⑨と同様に。ただし、「りゅうぐうロック〜イェイ」は、以下を加える。

「りゅうぐう」で頭上に両手で輪をつくり、「ロック」で右を向き、右手をななめ上、左手をひたい近くにかざす。2回目は「ロック」で左を向き、左右の手を入れ替える。

3回目の「りゅうぐう」は軽くひざでリズムをとり、「ロック」は1回目に同じ。最後の「イェイ」ですばやく⑨のポーズ。

うらしまたろう

めでたい おんど

作詞・作曲・振付／阿部直美

♩=108

1.2. めでたいめでたい
3. ふしぎなふしぎな

おめでたい（ソレ）
ものがたり（ソレ）

つるはせんねん
あけてびっくり

かめまんねん（ハイ）
たまてばこ（ハイ）

じょうぶでげんきな
こーころやさしい
うらしまたろうは

かめさんは
うらしまさん（ヨイショ）
おじいさん（ヨイショ）

りゅうぐうじょーうの
むーかしむかしの

にんきも
ものがた

1. の
2. の
3. り

ソレ ソレ ソー レ　ヨー イト ナ

ソレ ソレ ソー レ

ヨー イト ナ

振付

1番 ① **前奏（16呼間）** 2呼間に1回手をたたく。

② めでたい　めでたい　おめでたい
（ソレ）

右を向き、ボートをこぐように、両手をグーにして前に伸ばし、胸に引きつける動作を2回。

③ つるは　せんねん
かめ　まんねん　（ハイ）

②と同様に。ただし左を向く。

④ じょうぶで　げんきな
かめさんは　（ヨイショ）

かけ足でひとまわりする。

⑤ りゅうぐうじょうの〜休符

隣の人と手をつなぎ、ひざでリズムをとりながら、その手を3回振る。

⑥ にんきもの

足踏みしながら、少しずつ手を上げていく。

2番

1番と同様に。ただし、①前奏で、かめがうらしまたろうをつれて来て、いっしょに踊る。「ソレソレ　ソーレ　ヨーイト」で3回手をたたき、「ナ」で両手を横に開きながら、1歩前に跳ぶ。

3番

1番と同様に。ただし、全員で踊る。「ソレソレ　ソーレ　ヨーイト」は2番と同様に繰り返し、後奏でゆっくり両手を下から胸の前に上げ、ポーズ。

うらしまたろう

りゅうぐうじょうのワルツ

作詞・作曲・振付／阿部直美

♩=124

1. あおい なみが ゆれても ひかりが かし
2. ときが すぎる ことも わすれて かし

がやく ゆめの ふしぎな せかいよ — りゅう
まうの せかい りゅう

ぐう じょう — たのしい ことが
ぐう じょう

つづくように —

振付　1番

① **前奏（12呼間）**　両手に、たもとから出した布を持って曲を聞く。

② 前奏（12呼間）

布を前後に振る。

③ あおい　なみが

両手をグーにして、2回打ち合わせる。

④ ゆれて

布を肩のあたりで2回振る。

⑤ ひかりが　かがやく

③・④に同じ。

⑥ ゆめの　せかいよ　りゅうぐうじょう

両手を胸の前で交差させ、大きく2回まわす。2回目は1回目より大きくまわす。

2番

1番の②〜⑥と同様に。ただし、「たのしいことが」は②に同じ。「つづくように〜後奏」は、両手を上げ、布を速く細かく振る。

うらしまたろう

ポイント

♥ 乙姫はたもとに入れておいた布を出し、これを振りながら踊ります。布はシフォンのような、薄くて軽いものを用意しましょう。スズランテープを束にした、ポンポンのようなものでもきれいです。

♥ ワルツは強・弱・弱のリズムで演奏します。踊りも1拍目の「強」を意識して、その部分に少しアクセントをつけるように動くと、めりはりが出ます。

ほんとうに こまったなの歌

作詞・作曲・振付／阿部直美

演奏のポイント

前奏はうらしまたろうがとぼとぼ歩く場面のBGM、後奏は玉手箱の煙が揺れる効果音の役割をするので、出演者の動きに合わせ、自由に何回も繰り返します。最後の(♪)は、トレモロ奏法で、ラと♯ドを小刻みに反復します。

振付 1番

① **前奏（自由に繰り返す）** うらしまたろう、とぼとぼと登場。玉手箱を持った保育者が続く。

② だれもしらない　ひとばかり

ひたいに手をかざし、きょろきょろと周りを見る。

③ ほんとうに　こまったな　どうしよう

両手を祈るように組み、4呼間ずつ、右向き、左向きで小刻みに振る。これを2回繰り返す。

④ 「そうだ」たまてばこを あけよう「よいしょ」

「そうだ」で、グーにした右手で、パーにした左手をポンとたたいたあと、玉手箱に近づき、開けるしぐさをする。

うらしまたろう

演出のポイント

〈玉手箱〉

箱の後ろに白いかつらを入れておき、うらしまたろうが早変わりするのがポイント。保育者は④のうらしまたろうの動きに合わせて、箱のふたを開け、中の布（煙）を揺らして、観客の目を引きつけます。その間にうらしまたろうが箱の後ろにまわり、かつらを取り替えます。

4〜5歳児 キンコンかえるののどじまん

作／阿部直美　イラスト／みさき ゆい

かえるたちがのどじまん大会を開きましたが、どのかえるさんも、なかなかうまく歌えません。でも、雨がふってきたら、とてもじょうずに歌えました。かえるのキャラクターが楽しい、シンプルなストーリーのオペレッタです。

登場人物
- そっくりかえる
- ふりかえる
- かんがえる
- 司会のかえる

ポイント
- 「そっくりかえる」「ふりかえる」「かんがえる」が、なかなかうまく歌えない場面をユーモラスに演じましょう。
- 「司会のかえる」はストーリー全体の進行をリードし、また雨をふらせる役割もします。保育者がいっしょに演じてもよいでしょう。

衣装

- 全員、[基本のベストB]（→11ページ）をアレンジして着る。
- 全員、かえるの目玉のお面（→9ページ）をつける。

そっくりかえる
- [基本のベストB] カラーポリ袋（赤）
- 丸シール（白）

ふりかえる
- [基本のベストB] カラーポリ袋（黄）
- カラービニールテープ（赤）

司会のかえる
- [基本のベストB] カラーポリ袋（黒）
- 両面テープで貼る
- 蝶ネクタイ　カラーポリ袋（赤）　立体的なリボンを作る
- ポケット　カラーポリ袋（黒）　両面テープで貼る
- ポケットに入れる
- 雨　輪ゴムでまとめる　丸く切った色画用紙（水色）　スズランテープ

かんがえる
- [基本のベストB] カラーポリ袋（青）
- 丸シール（白）
- カラークラフトテープ（黄）

〈目玉のお面〉
- 画用紙
- 目を描く
- 色画用紙（黒）
- お面の台

〈マイク〉
- リボン　カラーポリ袋（赤）　蝶ネクタイと同様に大きく作る
- マイクスタンド

キンコンかえるののどじまん

道具

草
- 段ボール板　緑色に塗る
- 貼る
- 色画用紙（黄緑）
- 丸めた新聞紙　草に貼る
- カラービニール（水色）　草のそばの舞台に貼る

看板　背景に貼る
- リボン　カラーポリ袋（赤）　蝶ネクタイと同様に大きく作る
- のどじまん たいかい
- 文字を書く
- 色画用紙
- 段ボール板

蓮の花と葉
- 色画用紙（ピンク）
- 貼る
- 段ボール板　緑色に塗る
- 段ボール板で支えをつける

脚本		

そっくりかえる・ふりかえる・かんがえるは、舞台後方に1列に並ぶ。
マイクは舞台下手前方、草はマイクのそばなどに、蓮は中央から上手の前方に置く。看板は舞台後方に貼る。
ポケットに雨を入れた司会のかえるがマイクの前に立つ。

司会のかえる　まんまる池のかえるたちが、のどじまん大会を開くことにしました。
　　　　　　　かえるたち、前進し、司会のかえるに並ぶ。

全員　♪ **のどじまんの歌**

1番
まんまるいけの　かえるさん
うたが　うまいの　だれかな
いちばん　うまいの　だれかな
キンコン　かえるの　のどじまん

2番
じょうずに　うたを　うたったら
キンコン　たくさん　かねが　なる
へたなら　ざんねん　かね　ひとつ
キンコン　かえるの　のどじまん

　　　全員で踊る。
　　　終わったら、司会のかえるはマイクの前へ。
　　　のこりのかえるは後方へ戻る。

司会のかえる　ただいまから、第1回かえる村「まんまる池のどじまん大会」の、はじまりはじまり～！
1ばーん、そっくりかえるさん、どうぞ。
　　　大きなしぐさでせりふを言う。

そっくりかえる　♪ **かえるのテーマ**　**1番**

エッヘン　オッホン　そっくりかえる
エッヘン　オッホン　そっくりかえる
なんといっても　まんまるいけで
うたが　うまいの　このわたし
エッヘン　オッホン　そっくりかえるー
エッヘン　オッホン　そっくりかえるー
（カーン）「アーッ」

　　　そっくりかえる、舞台中央へ。歌詞を一本調子で唱えながら踊る。
　　　「カーン」は司会のかえるが言う。
　　　そっくりかえるは「アーッ」と言いながら、へなへなしゃがむ。

司会のかえる　ざんねんでした。のどじまん大会は、歌ってくれないと……。
つぎ、2ばーん、ふりかえるさん、どうぞ！

ふりかえる		

♪ **かえるのテーマ** ②番

ドキドキ　ハッ　ふりかえる
ドキドキ　ハッ　ふりかえる
なんといっても　みんな　みてる
むねが　ドキドキ　あがっちゃう
ドキドキ　ハッ　ふりかえる
ドキドキ　ハッ　ふりかえる
（カーン）「ハーッ」

そっくりかえる、舞台後方へ戻る。ふりかえる、舞台中央へ。
歌詞をふるえながら唱えて踊る。
1番と同様に、「ハーッ」でしゃがむ。

司会のかえる　ざんねんでした。あがってしまったようで。
では、3ばーん、かんがえるさん、はりきってどうぞ！

かんがえる

♪ **かえるのテーマ** ③番

えーと　うーんと　かんがえる
えーと　うーんと　かんがえる
なんといっても　おもいだせない
うたが　でないよ　なんだっけ
えーと　うーんと　かんがえる
えーと　うーんと　かんがえる
（カーン）「ムムーッ」

ふりかえる、舞台後方へ戻る。かんがえる、舞台中央へ。
歌詞を重々しく唱えながら踊る。
1番と同様に、「ムムーッ」でしゃがむ。

司会のかえるは腕組みをして、考え込む。

全員

♪ **こまったなの歌**

がっかり　ゲコゲコ　そっくりかえる　①番
しょんぼり　ケロケロ　ふりかえる
こまって　クワクワ　かんがえる
アーア　アーアアア

おきゃくの　かえるは　あきれかえる　②番
こどもの　てを　ひき　つれかえる
かーえろ　かえろと　にげかえる
アーア　アーアアア

キンコンかえるののどじまん

	そっくりかえる・ふりかえるは舞台前方へ出て、かんがえるに並ぶ。
かんがえるは立ち上がる。司会のかえるもいっしょに、全員で踊る。
後奏で司会のかえる以外はその場にしゃがむ。
全員	こまったな、こまったな。
司会のかえる	おや……ポタン…ピタン…ポタン…、
ピタンポタン…ピタンポタン。
司会のかえる、「おや……」で空を見上げる。
そのほかのかえるは、「ポタン…ピタン…」で
交互に片手を上げ、雨を手のひらに受けるしぐさ。
司会のかえる	ワーイ、あめだ、あめだ！
あめがふってきましたよ！

♪ 雨の音

全員	ワーイ、ワーイ！
そっくりかえる・ふりかえる・かんがえる、大喜びで自由に舞台を跳ねまわる。
司会のかえるは歩きながら、雨を取り出して振る。

♪ かえるの のどじまんの歌

　　ゲコゲコ　ゲコゲコ　そっくりかえる
　　ケロケロ　ケロケロ　ふりかえる
　　クワックワッ　クワックワッ　かんがえる
　　みんな　そろって　だいがっしょう
　　あめが　すきだと　うたってる
　　ゲコゲコ　ケロケロ　クワックワックワッ
　　（キンコン　カンコン）「ワーイ　ワーイ」

　　全員、１列に並んで踊る。雨はポケットにしまう。
　　「キンコン　カンコン」は司会のかえるが言う。

全員	まんまる池のかえるは、みんな歌がじょうず。
かねがたくさんなったよ。よかったね、よかったね。
全員でせりふを言い、客席に向かって手を振るうちに幕が下りる。

おしまい

演出の工夫

〈雨〉

舞台後方に、図のように保育者が隠れます。雨のシーンになったら、保育者が立ち上がり、雨を持ち上げて振る、という演出にしてもよいでしょう。

キンコンかえるののどじまん

雨の音

作曲／阿部直美

♩=100

自由に何回も繰り返す

演奏のポイント

子どもたちの動きを見ながら、テンポや強弱に変化をつけて、何回も繰り返します。

のどじまんの歌

作詞・作曲・振付／阿部直美

1. まんまるいけの　かえるさん
2. じょうずにうたを　うたったら

うたがうまいの　だれかな　いちばんうまいの　だれかな
キンコンたくさん　かねがなる　へたならざんねん　かねひとつ

1. キーンコン　かえるの　のどじまん
2. のどじまん

振付

1番 ① 前奏（16呼間）立って曲を聞く。

② 前奏（8呼間）

③ まんまるいけの　かえるさん

④ うたが　うまいの　だれかな

足踏みしながら手をたたく。

隣の人と手をつなぎ、その手を上げて8歩前進、次に手を下げて8歩後退。

「うたが　うまいの」で右まわりにかけ足でひとまわり、「だれかな」で両手を開いて、2回ジャンプ。

⑤ いちばん　うまいの　だれかな

④と同様に。ただし、左まわりに。

⑥ キンコン　かえるの　のどじまん

③に同じ。

2番 1番の②〜⑥に同じ。

⑦ 後奏（8呼間）

右足を1歩踏み出し、両手を上げてポーズ。

キンコンかえるののどじまん

ポイント

♥1番の「まんまるいけの」のリズムに注意してください。「の」が半拍、前の小節に入っています。「かえるさん」「のどじまん」も同様です。ピアノで、右手はこのメロディーをはっきり弾きましょう。

♥走ってひとまわりするときに、そっくりかえるは体を反らせ気味に、ふりかえるは時々ふりかえりながら、かんがえるはひたいに手をあてて、といった演出も楽しいでしょう。

かえるのテーマ

作詞・作曲・振付／阿部直美

♩=120

1. エッ ヘン オッ ホン そっくり かえる エッ ヘン オッ ホン
2. ドキ ドキ ハッ ～ ふり かえる ドキ ドキ ハッ ～
3. えー と うー んと かん がえる えー と うー んと

そっくり かえる　なんと いっ ても　まんまる いけで　うたが うまいの
ふり かえる　なんと いっ ても　みんな みてる　むねが ドキドキ
かん がえる　なんと いっ ても　おもい だせない　うたが でないよ

この わた し　エッ ヘン オッ ホン　そっくり かえ る
あがっ ちゃ う　ドキ ドキ ハッ ～　ふり かえ る
なん だっ け　えー と うー んと　かん がえ る

（司会のかえる）
カーン　「アーッ」
カーン　「ハーッ」
カーン　「ムムーッ」

振付 1番

① 前奏（16呼間）

そっくりかえりながら進み、舞台中央に1列に並ぶ。

② エッヘン オッホン……そっくりかえる

右を向き、「エッヘン オッホン」で両手を腰につけ、ひざの屈伸を2回。「そっくりかえる」でおなかをつき出しそっくりかえるポーズ。これを左向きでも繰り返す。

③ なんと いっても

正面を向き、大きく2回手をたたく。

④ まんまるいけで

両手を開いて上げ、止まる。

⑤ うたが うまいの このわたし

③・④に同じ。

⑥ エッヘン…… そっくりかえる

②と同様に。動作をより大きく。

⑦ （カーン）「アーッ」

そっくりかえったまま止まって、司会のかえるの「カーン」を聞き、「アーッ」で両手を広げてへなへなとしゃがむ。

キンコンかえるののどじまん

2番 1番と同様に。以下を変え、緊張した様子で動作する。

① 前奏でそっくりかえるは、力なく舞台後方へ戻る。ふりかえるが、ふるえながら舞台前方へ進む。
② 「ドキドキ ハッ」で両手で胸を3回たたき、「ふりかえる」でジャンプしながらふり向く。

3番 1番と同様に。以下を変え、考え込みながら動作する。

① 前奏でふりかえるは、舞台後方へ。かんがえるが、頭をかかえ、考えながら舞台前方へ進む。
② 「えーと うーんと」で右を向き、右手をひたいに、左手を腰につけたかんがえるポーズ。「かんがえる」で左を向き、左右の手を入れ替える。

こまったなの歌

作詞・作曲・振付／阿部直美

1. がっかりゲコゲコ そっくりかえる しょんぼりケロケロ ふりかえる こまってクワクワ かーえろかえろと かんがえる
2. おきゃくのかえるは あきれかえる こどものてをひき つれかえる

アー ア アー ア アー ア ア アー ア ア ア

振付

1番

① 前奏（8呼間）
全員、下を向き肩を落として、うなだれるポーズ。
そっくりかえる・ふりかえるは、前進し舞台前方へ。
かんがえるは、立ち上がる。
司会のかえるはマイクの前で踊る。

② がっかり ゲコゲコ

全員、右を向き、前かがみで両手を伸ばし、手首を振りながら4歩進む。

③ そっくりかえる

全員、力なくおなかをつき出し、そっくりかえるポーズ。

④ しょんぼり ケロケロ ふりかえる

②・③と同様に。ただし左に進み、「ふりかえる」で全員、自由な方向にふりかえる。

⑤ こまって クワクワ かんがえる

②・③と同様に。ただし正面に前進し、「かんがえる」で全員、ひたいに手をあててかんがえるポーズ。

⑥ アーア アーアアア

「アーア」で両手をだらりと下げ、体を前に倒す。
「アーアアア」で両手を上げ、体を反らす。

2番 1番と同様に。ただし以下を加える。

最後の「アーアアア」で両手を上げ体を反らせたあと、司会のかえるはうなだれて立つ。その他のかえるは、思い思いのポーズでしゃがむ。

キンコンかえるののどじまん

かえるの のどじまんの歌

作詞・作曲・振付／阿部直美

♩=112

ゲ コ ゲ コ ゲ コ ゲ コ　そっくりかえる
ケ ロ ケ ロ ケ ロ ケ ロ　ふりかえる　クワッ　クワッ　クワッ　クワッ
かんがえる　みんな そろって　だいがっしょう　あめが すきだと
うたってる　ゲ コ ゲ コ ケ ロ ケ ロ　クワッ　クワッ　クワッ
（司会のかえる）
（キン　コン　カン　コン）　（かえるたち）「ワーイ　ワーイ」

振付

① 前奏（8呼間） 
全員1列に並び、足踏みしながら手をたたく。

② ゲコゲコ ゲコゲコ 
両手のひらを前に向け、内→外→内→外と動かす。

③ そっくりかえる 
全員、おなかをつき出し、そっくりかえるポーズ。

④ ケロケロ ケロケロ ふりかえる 
②・③と同様に。ただし、「ふりかえる」で全員、自由な方向にふりかえる。

⑤ クワックワッ クワックワッ かんがえる 
②・③と同様に。ただし、「かんがえる」で全員、ひたいに手をあて、かんがえるポーズ。

⑥ みんな そろって 
左を向き、「みんなで」で右手を前に出し、「そろって」で左手を後ろに上げる。

⑦ だいがっしょう 
足踏みしながら手をたたき、正面を向く。

⑧ あめが すきだと うたってる 
⑥・⑦と同様に。ただし、⑥は右を向き、左手を前に出して、右手を後ろに上げる。

⑨ ゲコゲコ ケロケロ クワックワックワッ
②を2回繰り返す。

⑩ （キンコン カンコン）「ワーイ ワーイ」
②の両手を内側にしたポーズで止まり、司会のかえるが鐘の音を言う。
「ワーイ ワーイ」で自由に、拍手やバンザイをする。司会のかえるは雨を出して振ってもよい。

キンコンかえるののどじまん

5歳児 ねずみくんのたんじょうかい

原作／浅野ななみ　作／阿部直美　イラスト／くるみ れな

小さなねずみくんは、「大きなプレゼントがほしい」とみんなに言ってしまいます。でも、大きすぎたら困ることに気づいたねずみくん。
ところが、プレゼントは、とっても大きなものでしたよ。それは、いったいなんでしょう。

登場人物
- ぞう
- うさぎ
- たぬき
- ねずみ
- ナレーター

ポイント
- 「大きい」「小さい」がキーワードになっています。「大きい」と「小さい」の違いを声や動作の大小で表現してみましょう。
- 子どもたちに、「どうしたら『大きい』感じがすると思う？」などと問いかけて、子どもたちなりの表現を取り入れても楽しいでしょう。

ねずみくんのたんじょうかい

衣装

- 全員、[基本のベストB]（→11ページ）をアレンジして着る。
- 動物たちは耳のお面（→9ページ）をつける。

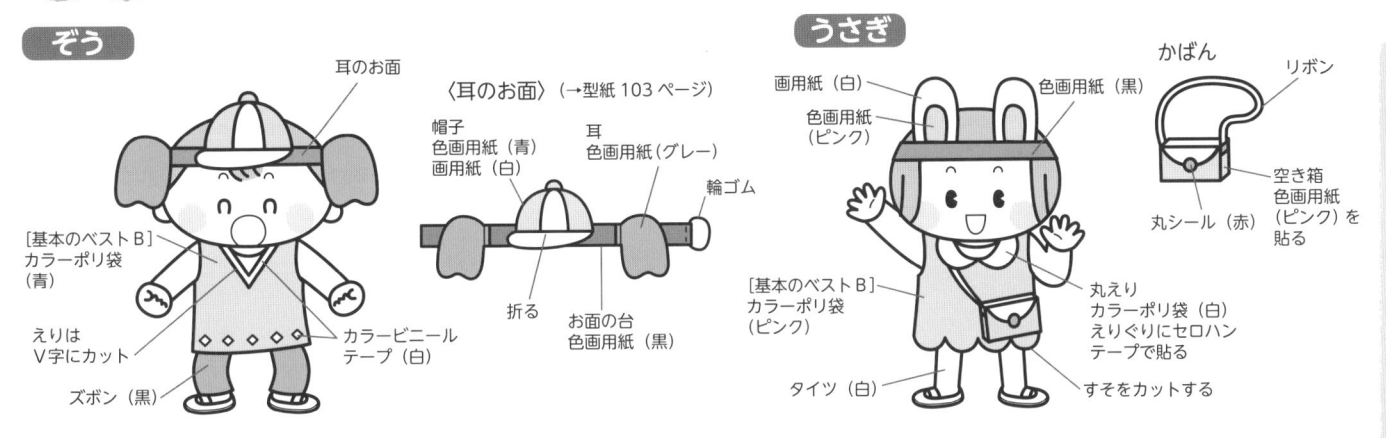

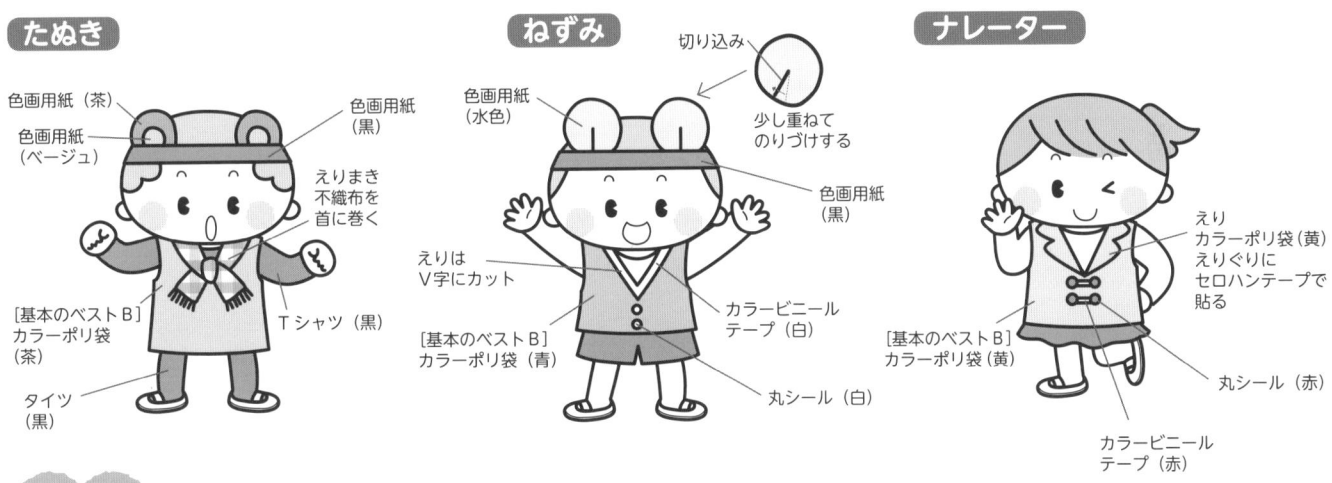

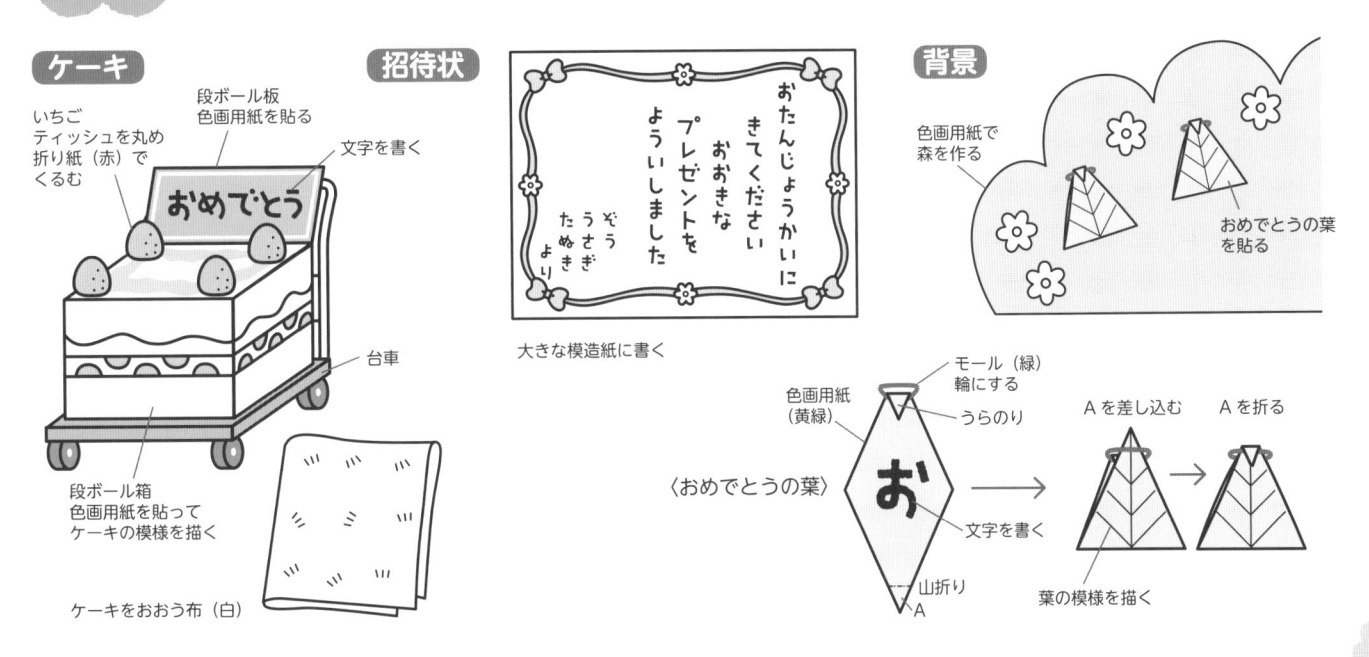

ぞう
- 耳のお面
- [基本のベストB] カラーポリ袋（青）
- えりはV字にカット
- ズボン（黒）
- カラービニールテープ（白）

〈耳のお面〉（→型紙103ページ）
- 帽子 色画用紙（青）画用紙（白）
- 耳 色画用紙（グレー）
- 輪ゴム
- 折る
- お面の台 色画用紙（黒）

うさぎ
- 画用紙（白）
- 色画用紙（ピンク）
- 色画用紙（黒）
- [基本のベストB] カラーポリ袋（ピンク）
- 丸えり カラーポリ袋（白） えりぐりにセロハンテープで貼る
- タイツ（白）
- すそをカットする

かばん
- リボン
- 丸シール（赤）
- 空き箱 色画用紙（ピンク）を貼る

たぬき
- 色画用紙（茶）
- 色画用紙（ベージュ）
- 色画用紙（黒）
- えりまき 不織布を首に巻く
- [基本のベストB] カラーポリ袋（茶）
- Tシャツ（黒）
- タイツ（黒）

ねずみ
- 色画用紙（水色）
- 切り込み
- 少し重ねてのりづけする
- 色画用紙（黒）
- えりはV字にカット
- [基本のベストB] カラーポリ袋（青）
- カラービニールテープ（白）
- 丸シール（白）

ナレーター
- えり カラーポリ袋（黄） えりぐりにセロハンテープで貼る
- [基本のベストB] カラーポリ袋（黄）
- 丸シール（赤）
- カラービニールテープ（赤）

道具

ケーキ
- いちご ティッシュを丸め折り紙（赤）でくるむ
- 段ボール板 色画用紙を貼る
- 文字を書く
- 台車
- 段ボール箱 色画用紙を貼ってケーキの模様を描く
- ケーキをおおう布（白）

招待状

おたんじょうかいにきてください
おおきなプレゼントをよういしました
ぞう うさぎ たぬき より

大きな模造紙に書く

背景
- 色画用紙で森を作る
- おめでとうの葉を貼る

〈おめでとうの葉〉
- モール（緑）輪にする
- 色画用紙（黄緑）
- うらのり
- 文字を書く
- 山折り
- A
- Aを差し込む
- Aを折る
- 葉の模様を描く

脚本

舞台中央後方にぞう・うさぎ・たぬきが並び、上手にねずみ、下手にナレーターが立つ。ケーキ、招待状は下手袖に置く。
背景のおめでとうの葉は閉じておく。

ナレーター 　動物村では、いつもみんなでおたんじょう会をします。
こんどのおたんじょう会は、ねずみくんです。
　　ナレーター、下手に退場。

ぞう・うさぎ・たぬき 　ねずみくん、おたんじょう日プレゼントは、なにがいい？

ねずみ 　わーい、うれしいな！
　　ねずみ、中央に出てくる。

♪ **うれしいでチュウの歌**

1番
うれしいでチュウ　うれしいでチュウ
おたんじょうび　うれしいでチュウ
おおきくなるって　おおきくなるって
うれしいでチュウ

2番
うれしいでチュウ　うれしいでチュウ
おたんじょうび　うれしいでチュウ
プレゼントくるって　プレゼントくるって
うれしいでチュウ

　　ねずみ、舞台中央、ぞう・うさぎ・たぬきの前で踊る。
　　動物たちは手拍子をとる。歌が終わったら、ねずみは上手へ戻り、
　　入れ替わりにぞうが前へ出る。

ぞう 　♪ **ちっちゃい ちっちゃいの歌**　**1番**

ねずみくん　ねずみくん　ぼうしは　どう？
ちっちゃい　ちっちゃい　ぼうしの　プレゼント　どう？

　　ぞう、中央で踊る。

ねずみ 　（不満そうに）えーっ！
　　ぞう、後ろに戻り、入れ替わりにうさぎが前に出る。

うさぎ 　♪ **ちっちゃい ちっちゃいの歌**　**2番**

ねずみくん　ねずみくん　かばんは　どう？
ちっちゃい　ちっちゃい　かばんの　プレゼント　どう？

　　うさぎ、中央で踊る。

ねずみ 　（不満そうに）えーっ！
　　うさぎ、後ろに戻り、入れ替わりにたぬきが前に出る。

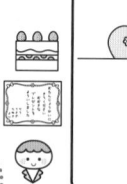

たぬき	♪ **ちっちゃい ちっちゃいの歌** 3番 ねずみくん　ねずみくん　えりまきは　どう？ ちっちゃい　ちっちゃい　えりまきの　プレゼント　どう？
	たぬき、中央で踊る。
ねずみ	えーっ！ ちっちゃいものはいやだー！　もっとおおきーいものがほしい。やだー、やだー！ ねずみ、怒りながら上手に退場。
ぞう	悪いこと言っちゃったね。
うさぎ	ちっちゃいものは、いやなんだ。
たぬき	でも、大きすぎたら、ねずみくん使えないよ。
ぞう・うさぎ・たぬき	こまったねえ。 3匹、考え込む。
	♪ **ぴったりの歌** ちっちゃな　ちっちゃな　ねずみくんに ぴったり　ぴったり　ぴったりの おおきな　おおきな　プレゼントって　なんだろな 「こまったね」
	3匹、中央で踊り、口々に「こまったね」と言いながら、下手に退場。 ナレーター、招待状を持って登場。 客席に向かって招待状を広げて見せる。 ねずみ、上手から登場。
ナレーター	おたんじょう会の前の日、ねずみくんに、こんなに大きな招待状がとどきました。読んでみましょう。
ナレーター ねずみ （いっしょに読む）	「おたんじょうかいに　きてください。 　おおきな　プレゼントを　よういしました。 　ぞう　うさぎ　たぬきより」
ねずみ	わーい、やったあ！ （ハッとして）でも、でも、でも……。 こんなに大きすぎたら……どうしよう。

♪ うれしいでチュウの歌
（困ったバージョン）

こまっちゃうでチュウ　こまっちゃうでチュウ
おたんじょうび　こまっちゃうでチュウ
おおきすぎたら　おおきすぎたら
こまっちゃうでチュウ
「こまった　こまった」

ねずみ、中央で踊り、せりふを言いながら上手に退場。ナレーター、下手に退場。

♪ ねずみくんのファンファーレ

ナレーターは下手から、ねずみは上手から登場。

ナレーター　きょうは、おたんじょう会の日です。
ねずみくん、お・め・で・と・う。
せりふに合わせて、葉を開いて文字を見せ、下手に退場。

ぞう　ねずみくん、おめでとう。
かけ足で、せりふを言いながら下手から登場。

うさぎ　大きなプレゼント、よういしたよ。
ぞうと同様に登場。ぞうの隣に立つ。

たぬき　みんなでつくった『びっくり大きなねずみくんの歌』を
プレゼントします。
ぞう、うさぎと同様に登場。うさぎの隣に立つ。

ねずみ　大きいものって、歌だったんだ。よかったでチュウ。
ねずみ、上手にすわる。

ぞう・うさぎ・たぬき

♪ びっくり大きなねずみくんの歌
（メチャクチャバージョン）

1番
おおきい　ちっちゃい　ちゅうくらい
みんな　だいすき　ねずみくん

2番
おおきい　ちっちゃい　ちゅうくらい
おたんじょうびだ　ねずみくん
おおきい　ちゅうくらい　ちっちゃい

3匹、大声でメチャクチャに歌う。

ぞう　ごめんね、あんまり練習できなくて、
メチャクチャになっちゃった。

ねずみ	（立ち上がって） いいんだよ。気持ちだけでうれしいでチユウ。
うさぎ	あっ、それでね、もうひとつプレゼントを用意したの。
ねずみ	えーっ、それも大きいもの？
たぬき	すごーく大きいの。今、持ってくるね。 たぬき、かけ足で下手に退場。
ねずみ	（たぬきに向かって） あ、あのねー。この前、大きいものじゃなくちゃいやだって言ったけどー、ごめんね、ごめんね、ごめんねー。 あんまり大きいと、ぼくには合わないよ。
ぞう・うさぎ	だいじょうぶ、だいじょうぶ。だって、ふんわりしてて、あまくって、とろーり、とろとろ……。 たぬき、布でおおったケーキを持って登場。
ねずみ	わあ……大きい！　どうしよう……。 3匹、布を持つ。
ぞう・うさぎ・たぬき	だいじょうぶったら、だいじょうぶ。 いち・にの・さん！ 布をはずし、ケーキを見せる。
ねずみ	わー！　ケーキだ！
ぞう・うさぎ・たぬき	ねずみくん、おたんじょう日おめでとう！ みんなで、いっしょうけんめい作ったんだ。
ねずみ	こんなに大きなケーキ、はじめて見たでチユウ。みんな、ありがとう！　うれしいでチユウ、チユウ、チユー。
全員	♪**びっくり大きなねずみくんの歌** （元気バージョン） **1番**　おおきい　ちっちゃい　ちゅうくらい 　　　みんな　だいすき　ねずみくん **2番**　おおきい　ちっちゃい　ちゅうくらい 　　　おたんじょうびだ　ねずみくん 　　　ちっちゃな　からだに　おおきな　ゆめ 　　　チユウと　なくこえ　ちゅうくらい 　　　おめでとう　おめでとう　ねずみくん ナレーターも登場し、全員で歌い踊るうちに幕が下りる。

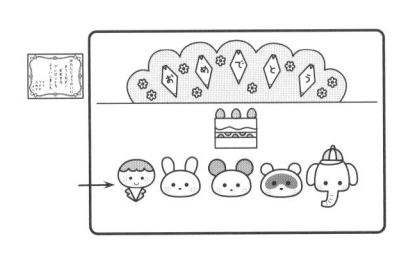

ねずみくんのたんじょうかい

おしまい

うれしいでチュウの歌

作詞・作曲・振付／阿部直美

演奏のポイント

「おおきくなるって……」はクレッシェンドして、だんだん大きく歌います。
1. 2. の「チュウ」のフェルマータ（𝄐）は十分伸ばして、うれしさを表すとよいでしょう。
82ページの「うれしいでチュウの歌（困ったバージョン）」とは、伴奏もテンポも違うので注意してください。

振付

1番

① 前奏（16呼間）

両手を上げ、左右に振る。

② うれしいで

グーにした両手でひざを1回たたく。

③ チュウ

両手を開いて、右足を1歩前に出し、かかとをつく。

④ うれしいでチュウ

②・③に同じ。ただし、③は左足を出す。

⑤ おたんじょうび

足踏みしながら手をたたく。

⑥ うれしいでチュウ

②・③に同じ。

⑦ おおきくなるって おおきくなるって

両手を胸の前で交差させ、大きく2回まわす。
2回目は1回目より大きくまわす。

⑧ うれしいでチュウ

②・③と同様に。ただし、「うれしいで」で何回もひざをたたく。

2番 1番に同じ。

ねずみくんのたんじょうかい

ポイント

♥「チュウ」のように、前や横に出した足のかかとだけをつける動作を「ヒールポイント」、つま先だけをつける動作を「トゥポイント」と呼びます。どちらも幼児のリズムダンスやフォークダンスでよく使われるポーズです。

ヒールポイントは、軸足（立っているほうの足）のひざを軽く曲げ、体を少し反らせると、ポーズが安定します。「チュウ」では、顔の横に両手を開き、にっこりしながら、ねずみくんの喜びを表現しましょう。

ちっちゃい ちっちゃいの歌

作詞・作曲・振付／阿部直美

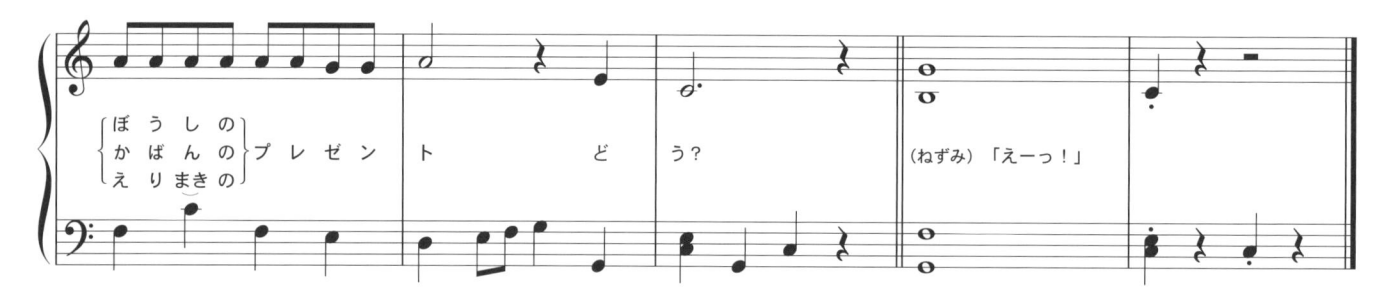

1. (ぞう)
2. (うさぎ)
3. (たぬき)

ねずみくん ねずみくん

{ぼうしは / かばんは / えりまきは} どう？

ちっちゃい ちっちゃい

{ぼうしの / かばんの / えりまきの} プレゼント どう？

(ねずみ)「えーっ！」

振付

1番

① 前奏（8呼間） ぞうが前に進み出る。

② ねずみくん ねずみくん 
足踏みしながら、4回手をたたく。

③ ぼうしは どう？ 
帽子を大きく、2回たたく。

④ ちっちゃい ちっちゃい 
両手のひらを向かい合わせて立て、中央に寄せて幅を縮める。

⑤ ぼうしの プレゼント 
中腰になり、帽子を小さく5回たたく。

⑥ どう？「えーっ」  
ぞうは大きく両手をねずみに差し出す。ねずみは不満そうに、びっくりする。

2番 1番と同様に。ただし、①前奏でぞうが後ろに戻り、うさぎが前に出て踊る。③・⑤はかばんをたたく。

3番 1番と同様に。ただし、①前奏でうさぎが後ろに戻り、たぬきが前に出て踊る。③・⑤はえりまきをたたく。

ぴったりの歌

作詞・作曲・振付／阿部直美

♩=116

ちっちゃな ちっちゃな ねずみくんに
ぴったり ぴったり ぴったりの おおきな おおきな プレゼントって
なんだろな （3匹）「こまったね」

ねずみくんのたんじょうかい

振付

① 前奏（8呼間）
腕組みをして、ひざで軽くリズムをとる。

② ちっちゃな……ねずみくんに
右手をこめかみにあて、左手を右ひじに添えて、体を軽く上下させる。

③ ぴったり……ぴったりの
両手を半円を描くように動かしながら、4回手をたたく。

④ おおきな
両手を大きく左右に開く。

⑤ おおきな
④と同様に。ただし、さらに大きく開く。

⑥ プレゼントって なんだろな　②に同じ。

⑦ 後奏（16呼間）
「こまったね」と口々に言いながら退場。

うれしいでチュウの歌（困ったバージョン）

作詞・作曲・振付／阿部直美

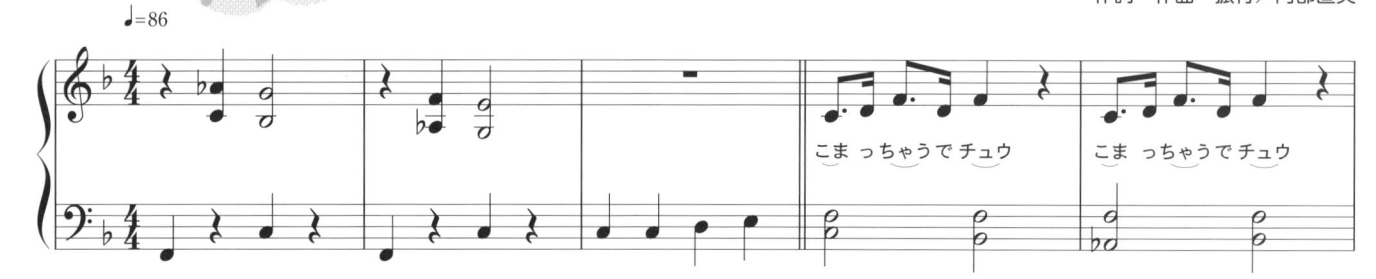

歌詞：
こまっちゃうでチュウ　こまっちゃうでチュウ
おたんじょうび　こまっちゃうでチュウ　おーおきすぎたら　おーおきすぎたら
こまっちゃう　ー　で　チュウ　（ねずみ）「こまった　こまった」（自由にくり返す）

振付

1番（→79ページ）と同様に。ただし、すべてを力なく、がっくりした様子で踊る。後奏で、「こまった」と言いながら、とぼとぼと退場。

演奏のポイント

ファンファーレはテンポが遅くなりすぎると、はつらつとした感じがなくなります。♩=120より遅くならないように注意しましょう。

ねずみくんのファンファーレ

作曲／阿部直美

びっくり大きなねずみくんの歌（メチャクチャバージョン）

作詞・作曲・振付／阿部直美

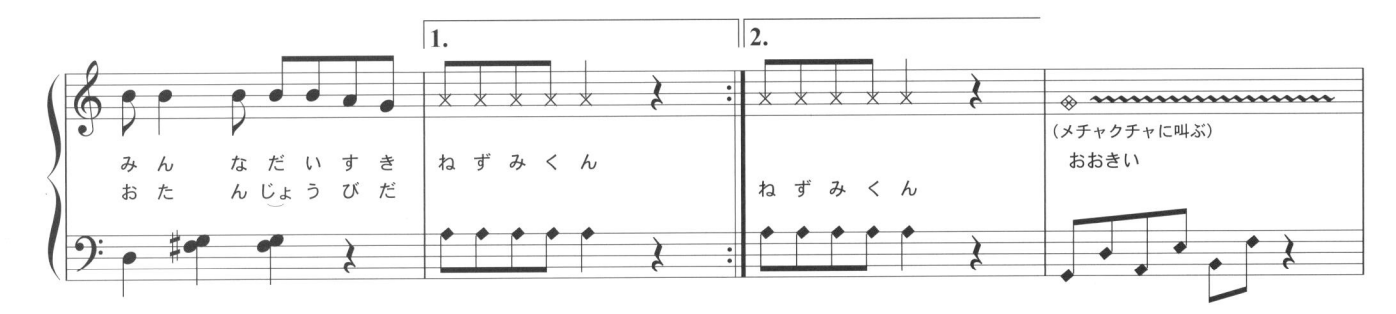

♩=80〜100

（楽譜）

1. おおきい ちっちゃい ちゅうくらい
2. おおきい ちっちゃい ちゅうくらい

みんなだいすき ねずみくん
おたんじょうびだ

ねずみくん
（メチャクチャに叫ぶ）おおきい

ちゅうくらい　　ちっちゃい

※ ◆は黒鍵をこぶしで自由にたたく

ねずみくんのたんじょうかい

演奏のポイント

◆は適当な場所の黒鍵をこぶしで自由にたたきます。3音くらいの黒鍵を同時にたたく不協和音を出すと、メチャクチャな様子が表現できます。（✘）と（◈〜）は、歌詞もリズムもメチャクチャにさけぶように歌いましょう。

振付　1番

① 前奏（8呼間）

3人が、気をつけの姿勢で並ぶ。胸を張り、体でリズムをとって、やる気を表現。

② おおきい　ちっちゃい……ねずみくん

✘部分の音を大きくはずして歌い、バラバラな方向を向いて、勝手に動く。

③ おおきい　ちゅうくらい　ちっちゃい〜後奏（4呼間）

すわりこむ、頭を抱えるなど、「失敗した」気持ちを自由に表現する。

2番

1番の②に同じ。

びっくり大きなねずみくんの歌（元気バージョン）

作詞・作曲・振付／阿部直美

1. おおきい ちっちゃい ちゅうくらい みんな だいすき
2. おおきい ちっちゃい ちゅうくらい おた んじょうびだ

1. ねずみくん
2. ねずみくん

ちっちゃな からだに おおきな ゆめ チュウとなくこえ ちゅうくらい― おめでとう おめでとう ねずみくん―

演奏のポイント

2段目の3小節目までは♩♩=♩♪のように跳ねますが、それ以降は、跳ねずに演奏します。メチャクチャバージョンとはテンポが違うので注意しましょう。

振付

1番

① **前奏（8呼間）** 体で軽くリズムをとりながら、立って曲を聞く。

② おおきい

両手を上げる。

③ ちっちゃい

両手でひざを1回たたく。

④ ちゅうくらい

両手を左右に開く。

⑤ みんな　だいすき　ねずみくん

かけ足でひとまわりする。

ねずみくんのたんじょうかい

2番

1番の②〜⑤と同様に。ただし、以下を続ける。

⑥ ちっちゃな　からだに……ちゅうくらい

手をたたきながら歩き、ねずみを囲んで並ぶ。

⑦ おめでとう　おめでとう

隣の人と手をつなぎ、4回ジャンプ。

⑧ ねずみくん

胸の前から上に向かって、かいぐりをする。

⑨ 後奏（16呼間）

ねずみが中央に立つ。ほかの人は片ひざをつき、両手をねずみに向けてキラキラさせる。

85

5歳児 ふしぎなこびとのくつやさん

グリム童話より　阿部直美／作　イラスト／つかさ みほ

貧乏だけど、心のやさしいくつ屋さん。ふしぎなこびとさんたちがやってきて、夜中にくつを作ってくれます。きれいなくつにお客さんは大喜び！　くつが売れてくつ屋さんも大喜び！　みんなはお礼に服を作って、こびとさんたちにプレゼントします。全員歌って踊る、見せ場たっぷりのオペレッタです。

登場人物
- ナレーター
- おじいさん
- おばあさん
- こびとA・B
- 客A・B

ついたてを
サポートする
保育者2名

ポイント
♥くつ屋さんたちが、こびとさんたちに見つからないように、そっと見たり、話したりするシーンが繰り返し出てきます。静と動をめりはりをつけて演じてみましょう。

衣装

- こびとは、ぼろ服に [基本のベスト C]（→ 11 ページ）、きれいな服に [基本のベスト A]（→ 10 ページ）を着る。
- おじいさん・おばあさん・ナレーター・客 B は、[基本のベスト B]（→ 11 ページ）をアレンジして着る。
- 客 A は、[スカート]（→ 11 ページ）を着る。

こびと
- 毛糸のポンポン
- 三角帽子　色画用紙（赤・青）A、B で色分けする
- ゴム
- T シャツ（白）
- ぼろ服　[基本のベスト C]　不織布（茶）
- すそをぼろぼろにカット
- きれいな服
- 丸シール（赤・青）
- [基本のベスト A]　カラーポリ袋（黄）

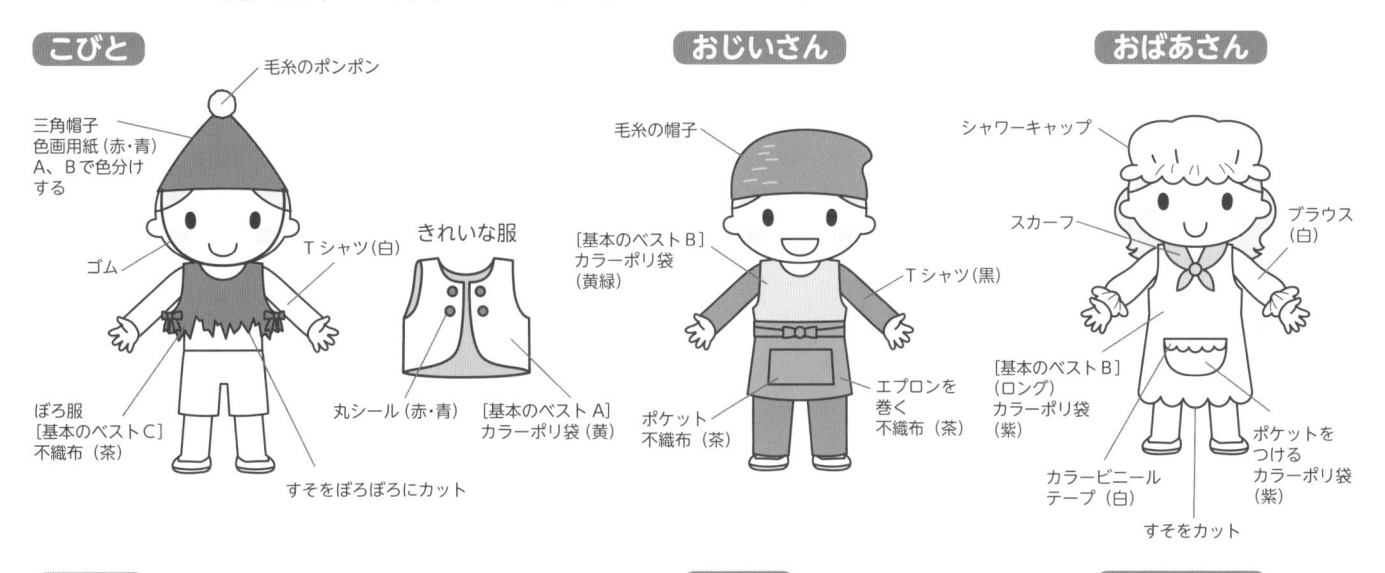

おじいさん
- 毛糸の帽子
- [基本のベスト B]　カラーポリ袋（黄緑）
- T シャツ（黒）
- エプロンを巻く　不織布（茶）
- ポケット　不織布（茶）

おばあさん
- シャワーキャップ
- スカーフ
- ブラウス（白）
- [基本のベスト B]（ロング）カラーポリ袋（紫）
- ポケットをつける　カラーポリ袋（紫）
- カラービニールテープ（白）
- すそをカット

客 A
- T シャツ（ピンク）
- リボン　カラーポリ袋（ピンク）
- ポケット　カラーポリ袋（ピンク）
- [スカート]　カラーポリ袋（ピンク）
- 丸シール（赤）
- すそをカット

〈お金の袋〉
- カラーポリ袋（黄）
- ひもで結ぶ
- 段ボール板
- 角を後方に折って留める
- 油性ペンで描く
- ＊ポケットに入れやすいよう、平面的に作る

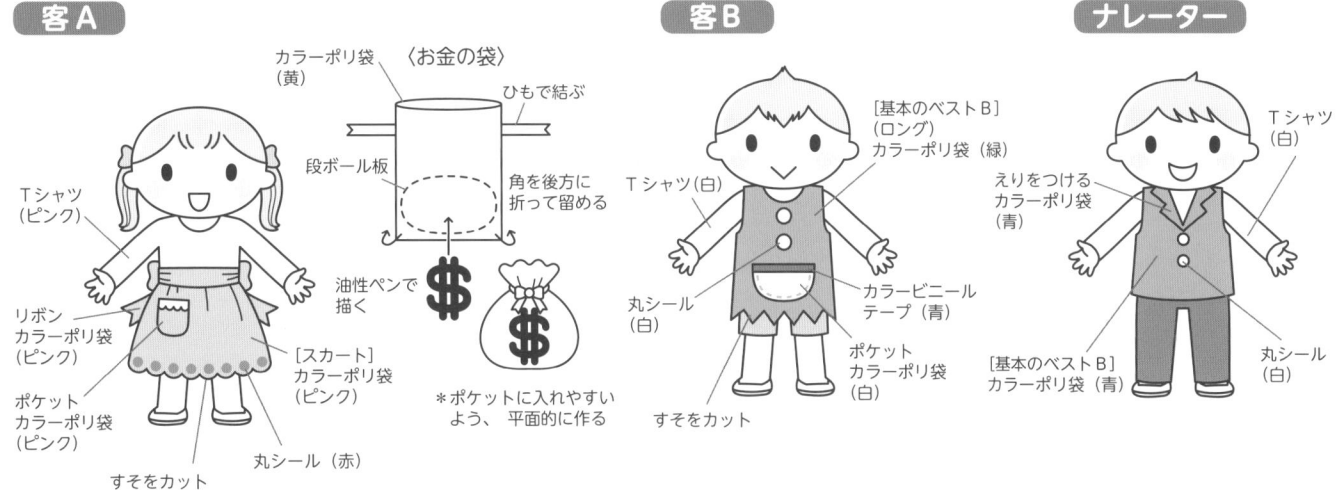

客 B
- [基本のベスト B]（ロング）カラーポリ袋（緑）
- T シャツ（白）
- 丸シール（白）
- カラービニールテープ（青）
- ポケット　カラーポリ袋（白）
- すそをカット

ナレーター
- T シャツ（白）
- えりをつける　カラーポリ袋（青）
- [基本のベスト B]　カラーポリ袋（青）
- 丸シール（白）

道具

くつ
- 牛乳パック
- 切り取る
- 色画用紙を貼る
- 模様をつける（丸シールなど）
- 差し込む
- 新聞紙を丸める
- クレープ紙でくるむ（いろいろな色で作る）

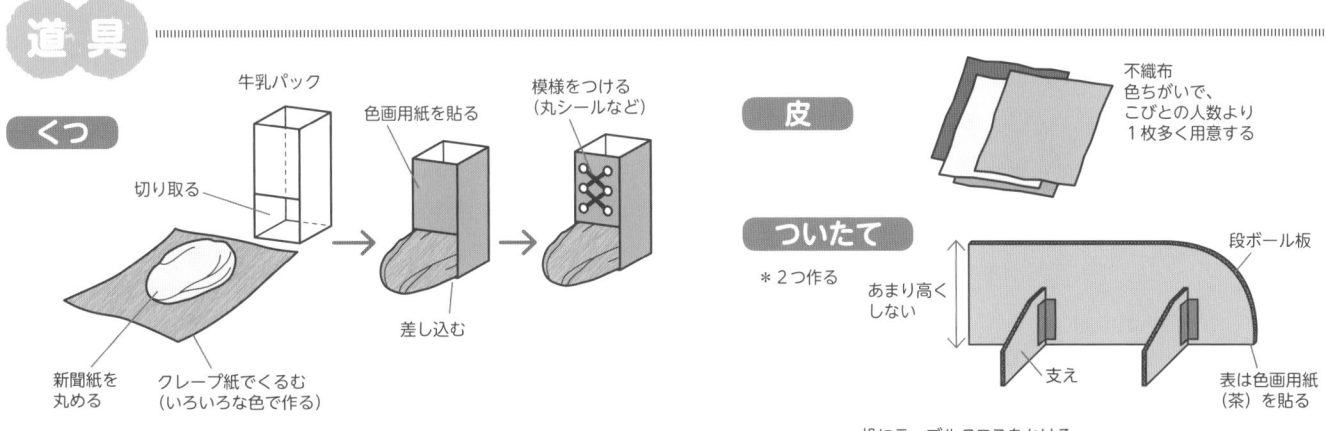

皮
- 不織布　色ちがいで、こびとの人数より 1 枚多く用意する

ついたて
- ＊2 つ作る
- 段ボール板
- あまり高くしない
- 支え
- 表は色画用紙（茶）を貼る

机・テーブルクロス
机にテーブルクロスをかける
舞台から見える側は、脚を隠すようにクロスをたらし、裏側は小道具を取り出しやすいように、クロスを上げて留めておく

背景
色画用紙で窓とレンガを作って貼る

ふしぎなこびとのくつやさん

脚本

舞台中央後方にテーブルクロスをかけた机を置く。
机の下に、①くつ（1足）、②くつ（たくさん）、
③皮（こびとの人数分）、④こびとのきれいな服、を隠しておく。
こびとA、客A、ついたてを持った保育者Aは下手袖、
こびとB、客B、ついたてを持った保育者Bは上手袖で待つ。
おじいさんと皮を持ったおばあさんは舞台中央前方に、
ナレーターは下手に立つ。

幕が上がる。

ナレーター	むかしむかし、びんぼうだけど、はたらきもので心のやさしい、くつやのおじいさんとおばあさんが、住んでいました。
おばあさん	おじいさん、とうとう、くつを作る皮が、これ1枚になってしまいました。 皮を見せる。
おじいさん	あと、1足しか作れない。
おじいさん おばあさん	♪ **つくったのはだれの歌** 1番 がっかりだ　ざんねんだ かわは　いちまい　これだけだ がっかりだ　ざんねんだ なんて　こまったことでしょう おじいさんとおばあさん、中央で踊る。
おじいさん	がっかりしていても、しょうがない。
おばあさん	あした、作ることにしましょう。 せりふを言いながら、おじいさん、下手に退場。 おばあさんは、皮を机の上に置き、上手に退場。
ナレーター	夜になりました。 おや、かわいいこびとさんたちが、やってきましたよ。 こびとA・B、下手と上手から登場。机の左右に立つ。
こびとA	やさしいおじいさんとおばあさんに、くつを作ってあげよう。
こびとB	皮が1枚だ。 机の上の皮を持つ。
こびとA・B	1足、作ろうね。

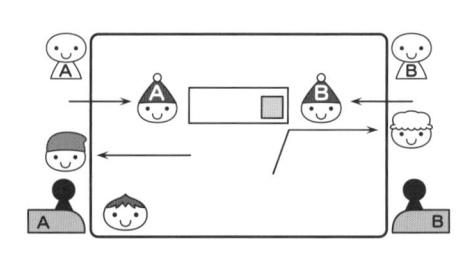

♪つくろうチクチクの歌

1番
くつを　つくろう　さあ　つくろう
キューッと　のばして
チクチク　チクチク　チクチク
トントン　たたいて　もういちど

2番
くつを　つくろう　さあ　つくろう
キューッと　のばして
チクチク　チクチク　チクチク
トントン　たたいて　できあがり

こびとたちが机の前に並んで踊る。
こびとBは、皮を持ったまま踊る。
後奏で机の後ろへ行き、下からくつ１足を出し、
机の上に置く。皮は机の下に隠す。

こびとA・B	ワーイ、できた！　さあ、帰ろう。
	こびとAは下手に、Bは上手に退場。
ナレーター	朝になりました。おじいさんとおばあさんは、くつを見てびっくり！
	おじいさんは下手、おばあさんは上手から、かけ足で登場。くつを片方ずつ持ち、中央に並ぶ。
おじいさん おばあさん	ふしぎ、ふしぎ。くつができている！

♪つくったのはだれの歌　2番

びっくりだ　おどろいた
だれが　つくった　くつでしょう
びっくりだ　おどろいた
なんて　きれいな　くつでしょう

おじいさん・おばあさん、くつを片方ずつ持って踊る。

ナレーター	するとそこにお客さんがやってきました。
客A	くつやさーん、そのくつを売ってください。
客B	くつやさーん、わたしにもくつを作ってください。
	客Aは下手から、客Bは上手から、せりふを言いながら登場。

ふしぎなこびとのくつやさん

89

	客A、お金をポケットから出し、おじいさんに渡す。おじいさん・おばあさんは客Aに片方ずつくつを渡し、お金をポケットにしまう。
おじいさん おばあさん	くつが売れたから、皮を買うことができる。 よかったね。
客A・B	ほんとにきれいなくつだ！ 客Aがくつを高く上げて見たあと、床に置く。

♪ **みごとなくつの歌** 1番

みごとなくつ　りっぱなくつ
すてきなくつ　おどろいた
さすがは　さすがは　おじいさん
いやいや　いやいや　わたしじゃない
さすがは　さすがは　おばあさん
いやいや　いやいや　わたしじゃない
えっ？　えっ？　えっ？　えっ？
いったい　だれが　つくったの

中央におじいさん・おばあさん、その左右に客A・Bが並ぶ。
客A・Bが踊り、おじいさんたちは1歩下がって見ている。
「いやいや　いやいや　わたしじゃない」の部分のみ
おじいさん・おばあさんが、それぞれ踊る。

おじいさん	それが、だれだかわからない。
おばあさん	夜のあいだに、できあがっていたの。
客A	今夜、みんなで見てみよう。
客B	そーっと、そっと、見てみよう。 保育者A・B、それぞれ、下手、上手についたてを出す。 客Aはくつを持ち、Bはそのまま、左右のついたての後ろに隠れる。おじいさん・おばあさんは、机の下から皮を出し、机の上に置いてから、左右のついたての後ろに隠れる。 ナレーターは下手舞台袖に下がり、袖でせりふを言う。
ナレーター	くつやさんは、くつを売ったお金で皮を買って、置いておきました。 夜になると、こびとさんたちがやってきました。 こびとA・B、それぞれ、下手と上手から登場。
こびとA	きょうは、皮がたくさんあるよ。
こびとB	くつをたくさん、作れるね。
こびとA・B	よーし、がんばって作ろう！ 1人ずつ、机の上から皮を取り、机の前に並ぶ。

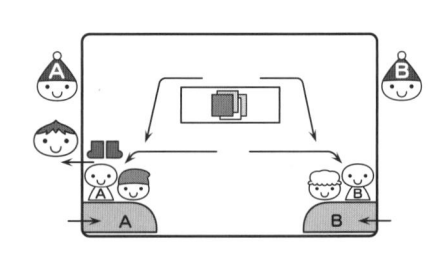

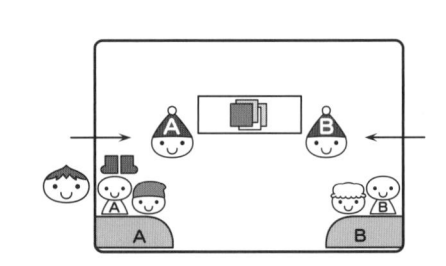

♪ つくろうチクチクの歌 1番 2番

こびとたちが皮を持ち、1番は舞台中央で踊る。
間奏で机の近くに戻り、2番は机の前で踊る。
後奏で机の下からくつをたくさん出し、皮は机の下に隠す。

こびとA	ワーイ、たくさんできた！
こびとB	おじいさん、おばあさん、きっとよろこんでくれるよ。
こびとA・B	さあ、帰ろう、帰ろう。

こびとAは下手、Bは上手に退場。

おじいさん・おばあさん・客A・B、静かに出てくる。
保育者A・B、ついたてを、それぞれ下手と上手の袖に戻す。
保育者Aは、最初のくつも袖に持って行く。

（客席に向かってささやくように）

おじいさん おばあさん 客A・B	しーーーーーっ！ くつを……作っていたのは……、 こびとさん……だったんだ。

♪ みごとなくつの歌 2番

みごとなくつ　りっぱなくつ
すてきなくつ　おどろいた
ふしぎな　ふしぎな　こびとさん
ほいほい　ほいほい　やさしいね
ふしぎな　ふしぎな　こびとさん
ほいほい　ほいほい　ありがとう
でも　でも　でも　でも
きていた　ふくは　ボロボロだ

おじいさん・おばあさん・客A・Bが舞台中央に並んで踊る。

おじいさん おばあさん 客A・B	そうだ！　みんなでお礼に、 こびとさんに服を作ってあげよう。

♪ つくろうチクチクの歌 3番

ふくを　つくろう　さあ　つくろう
キューッと　のばして
チクチク　チクチク　チクチク
チョッキン　パッチン　もういちど

ふしぎなこびとのくつやさん

♪ つくろうチクチクの歌 ４番

ふくを　つくろう　さあ　つくろう
キューッと　のばして
チクチク　チクチク　チクチク
チョッキン　パッチン　できあがり

おじいさん・おばあさん・客Ａ・Ｂが机の前に並んで踊る。
後奏で机の下からこびとの服を出す。
おじいさん・客Ａは下手に、おばあさん・客Ｂは上手に、
くつを持って退場。ナレーター、登場。

ナレーター　さて、その夜のことです。
　　　　　　　こびとＡ・Ｂ、それぞれ、下手と上手から登場。

こびとＡ・Ｂ

♪ つくったのはだれの歌 ３番

びっくりだ　おどろいた
だれが　つくった　ふくでしょう
びっくりだ　おどろいた
なんて　きれいな　ふくでしょう

こびとたちが、それぞれ机の上の服を持ち、
舞台中央に並んで踊る。

こびとＡ　おじいさんが作ってくれたんだ！

こびとＢ　おばあさんが作ってくれたんだ！

こびとＡ・Ｂ　みんなが作ってくれたんだ。うれしいな。
　　　　　　　　ありがとう。ワーイ！
　　　　　　　　服を振りながら、Ａは下手、Ｂは上手に退場。
　　　　　　　　入れ替わりに、おじいさん・おばあさん・客Ａ・Ｂが
　　　　　　　　静かに出てきて、舞台中央に１列に並ぶ。

おじいさん
おばあさん　（客席に向かってささやくように）
客Ａ・Ｂ　こびとさん……、
　　　　　　あ・り・が・と・う！

ナレーター　こうして、こびとさんの作ったくつが評判になって、
　　　　　　　くつ屋さんは、だいはんじょう。
　　　　　　　おじいさんとおばあさんは、しあわせに暮らしました。

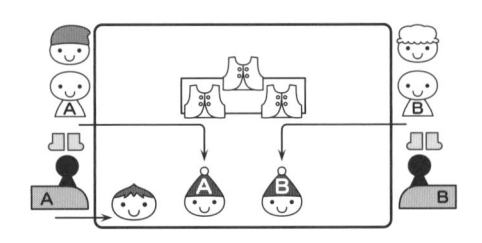

全員

🎵 しあわせトンパンの歌

みぎの　くつ　トントントン
ひだりの　くつ　トントントン
こびとさんが　つくってくれた
すてきな　くつだよ　トンパントン
ありがとうの　こころが　しあわせを　よぶ
ありがとうの　ことばが　しあわせを　はこぶ
ふしぎな　こびとの　くつやさん
トンパン　トンパン　トントントントン　パンパンパン

こびとたちが、きれいな服を着て登場。
ナレーターも加わり、全員が舞台中央に並んで踊る。
歌い踊るうちに幕が下りる。

おしまい

ふしぎなこびとのくつやさん

演出のポイント

〈くつを買うとき〉

客A・Bは多人数で演じますが、最初にくつを買うときは、客Aの代表が1人だけお金を渡し、くつを買います。この間、ほかの客A・Bは見ています。そのほかのせりふや踊りは全員で演じます。

〈くつ・服を出すとき〉

テーブルクロスをかけた机の下に、①くつ（1足）、②くつ（たくさん）、③皮、④こびとの服と、たくさんのものを隠します。子どもたちは、机の後ろに行ってくつや服などを取り出します。種類が多いので、そのとき使うものをスムーズに取り出せるようにしましょう。色分けしたプラスチックのかごに分けて入れたり、大きく番号を書いた段ボール箱に入れ、番号順に取り出すなどするとよいでしょう。また、くつ1足のときは、取り出す役の子を決めておきましょう。

つくったのはだれの歌

作詞・作曲・振付／阿部直美

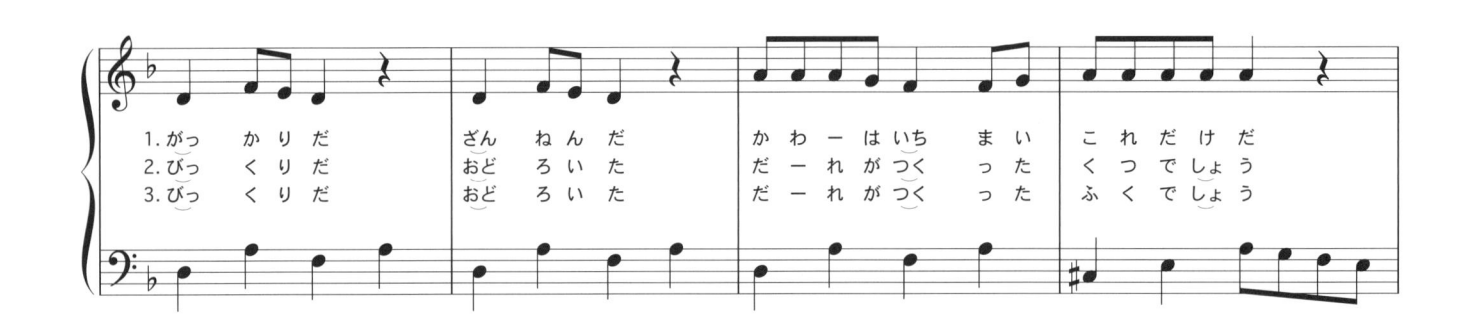

♩=114

1.(おじいさん・おばあさん)
2.(おじいさん・おばあさん)
3.(こびと)

1. がっかりだ ざんねんだ かわーはいちまい これだけだ
2. びっくりだ おどろいた だーれがつくった くつでしょう
3. びっくりだ おどろいた だーれがつくった ふくでしょう

1. がっかりだ ざんねんだ んてこまった ことでしょう
2. びっくりだ おどろいた んてきれいな くつでしょう
3. びっくりだ おどろいた んてきれいな ふくでしょう

1番 *smorzando*
2.3番 *più f*

演奏のポイント

○1番の後奏はスモルツァンド（*smorzando*）で、だんだん弱めながら、テンポを遅くして困った様子を表現します。
○2・3番の後奏はピュウ・フォルテ（*più f*）で、歌の部分よりも強く、元気に演奏して驚いている様子を表現します。

振付

1番

① 前奏（16呼間）

2人で皮を持ち、次第に高く上げていく。

② がっかりだ　ざんねんだ

「がっかり」で1回手をたたき、「だ」で両手を力なく左右に開く。これを2回繰り返す。

③ かわは　いちまい　これだけだ

両手を左右に振る動作を繰り返す。

④ がっかりだ……　こまったことでしょう

②・③に同じ。

⑤ 後奏（16呼間）

2人で皮を持ち、机の上に置く。

＊おばあさんの1人だけが皮を持ち、他は持たずに踊る。

2番

1番と同様に。ただし、①前奏はそれぞれくつを片方ずつ持って上げる。
②〜④は片手にくつを持って元気に踊る。
⑤後奏は「ふしぎだね」という表情で、くつを見る。

＊おじいさん、おばあさんの1人ずつだけがくつを持ち、他は持たずに踊る。

① 前奏

⑤ 後奏

3番

1番と同様に。ただし、こびとたちが踊る。
①前奏は、それぞれ机の上からきれいな服を取り、高く上げながら、舞台中央に並ぶ。
②〜④は、両手で服を持って元気に踊り、
③は両手を高く上げて振る。
⑤後奏は笑顔で服を振りながら退場。

② びっくりだ　おどろいた

③ だれが　つくった　ふくでしょう

ふしぎなこびとのくつやさん

つくろうチクチクの歌

作詞・作曲・振付／阿部直美

♩=118

1.2.（こびと）
3.4.（おじいさん・おばあさん・客）

1.2. くつ を つくろう　さあ つくろう　キューッ とのばして　チクチク
3.4. ふく を つくろう　さあ つくろう　キューッ とのばして　チクチク

mf　　　*f*　　　　　　　　　1.3.

チ　クチク　　チ　クチク　　トン トン たたいて　もういちど
チ　クチク　　チ　クチク　　チョッキン パッチン　もういちど

2.4.　　　　　　　　　　　　　*allargando*

できあがり
できあがり

演奏のポイント

○3回出てくる「チクチク」は、ピアノ（*p*）、メゾ・フォルテ（*mf*）、フォルテ（*f*）の順に、だんだん強くすると変化がつきます。
○後奏の最後の2小節は、アラルガンド（*allargando*）で、だんだん音を強めながらテンポを遅くします。

振付 **1番**　① 前奏（8呼間）　机の前に並ぶ。

② 前奏（8呼間）

両手を前に伸ばして広げ、ひとまわりする。

③ くつを　つくろう　さあ　つくろう

両手を胸の前に合わせ、上下に振る動作を繰り返す。

④ キューッと　のばして

両手を左右に開いて止まる。

⑤ チクチク……チクチク

右手を、布を縫っているように細かく振りながら、左方向に動かす。

⑥ トントン　たたいて　もう　いちど

両手をグーにして、左右に4回打ち合わせる。

2番　1番の②〜⑥に同じ。

＊1番・2番：1回目（89ページ）
こびとが1人だけ皮を持ち、他は持たずに踊る。後奏で皮を持ったこびとは机の後ろに行き、くつを1足出して机の上に置く。皮は机の下に隠す。

＊1番・2番：2回目（91ページ）
こびとと全員が皮を持って踊る。後奏で全員机の後ろに行き、たくさんのくつを出して机の上に置く。皮は机の下に隠す。

3番

1番と同様に。ただし、おじいさん・おばあさん・客A・Bが、何も持たずに踊る。
②前奏は、両手を振りながら、ひとまわりする。
⑥は両手をチョキにして、指を開閉しながら左右に振る。

② 前奏

⑥ チョッキン　パッチン　もういちど

4番

3番の②〜⑥に同じ。
後奏で机の後ろに行き、きれいな服を出して観客に見せたあと、机の上に置く。

ふしぎなこびとのくつやさん

みごとなくつの歌

作詞・作曲・振付／阿部直美

♩=126

1.(客)
2.(おじいさん・おばあさん・客)
みごとなくつ　りっぱなくつ
みごとなくつ　りっぱなくつ

すてきなくつ　おどろいた－　さすがはさすがは
すてきなくつ　おどろいた－　ふしぎなふしぎな

おじいさん　　（おじ）いやいやいやいや　わたしじゃない　（客）さすがはさすがは
こびとさん　　　　ほいほいほいほい　やさしいね　　　　　ふしぎなふしぎな

おばあさん　　（おば）いやいやいやいや　わたしじゃない　（客）えっ？　えっ？
こびとさん　　　　ほいほいほいほい　ありがとう　　　　　　でも　　でも

えっ？　えっ？　いったいだれが　　　　つくったの
でも　　でも　　きていたふくは－　　　ボロボロだ

振付

1番

① **前奏（16呼間）** 中央におじいさん・おばあさん、その左右に客A・Bが立つ。
以下客A・Bが踊り、おじいさん・おばあさんは1歩下がって見ている。

② **みごとなくつ**
右手を肩の辺りで1回まわして、止める。

③ **りっぱなくつ**
②と同様に左手をまわす。右手は②で止めたまま。

④ **すてきなくつ**
③と同様に右手をまわす。左手は③で止めたまま。

⑤ **おどろいた**
両手をパーにし、4呼間で体を左右にひねる「ツイスト」をしながら、少しずつしゃがむ。次の4呼間で同様に立ち上がる。

ふしぎなこびとのくつやさん

⑥ **さすがは　さすがは**
4回手をたたく。

⑦ **おじいさん**
両手を、おじいさんに向けて差し出す。

⑧ **いやいや……わたしじゃない**
おじいさんが1歩前に出て⑤の動作。終わったらもとの位置に戻る。

⑨ **さすがは……おばあさん……わたしじゃない**
⑥〜⑧と同様に。ただし、⑦はおばあさんに手を差し出し、⑧はおばあさんが動作。

⑩ **えっ？……えっ？**
少し右を向き、グーにした両手を伸ばして、右手を下げると同時に左手を上げる。次に同様に右手を上げ、左手を下げる。これを2回繰り返す。

⑪ **いったい　だれが**
⑩と同様に。ただし、体を前後に曲げながら、倍のテンポで。

⑫ **つくったの**
正面を向き、両手をグーにして中腰になる。そこから、両手をパッと開いて立ち上がる。

2番
1番と同様に。ただし、おじいさん、おばあさん、客A・B全員で踊る。
⑦は正面を向き、客席に手を差し出す。⑧は全員で⑤の動作。

しあわせトンパンの歌

作詞・作曲・振付／阿部直美

♩=120

(全員) みぎ の くつ
トン トン トン ひだり の くつ トン トン トン こび と さん が つくっ て くれた
すてき な くつ だよ トン パン トン ありがとう の こころ が しあわせ を よ
　　　　　　　　　　　　　　　　　　　　ありがとう の ことば が しあわせ を はこ
ぶ ふしぎ な こびと の くつ や さ ん
ぶ
トン パン トン パン トン トン トン トン パン パン パン

振付 **1番** ① **前奏（16呼間）** 隣の人と手をつなぎ、曲を聞く。

② **みぎの くつ トントントン**

右ひとさし指で、前に出した右足を4回指さす。それに合わせ、右足を軽く上げ、4回かかとをつける（ヒールポイント）。

③ **ひだりの……トントントン**
②と同様に。ただし、左手・左足で動作。

④ **こびとさんが……すてきなくつだよ**

隣の人と手をつなぎ、リズムに合わせて前後に振る。

⑤ **トンパントン**

手をつないだまま、「トン」で片足、「パン」で両足を左右に開いて、「トン」でまた片足で、軽くジャンプする。

⑥ **ありがとうの こころが**

手をつないだまま、8歩前進。

⑦ **しあわせを よぶ**

左から、左右に4回ジャンプ。

⑧ **ありがとうの……しあわせをはこぶ**
⑥・⑦と同様に。ただし、⑥は8歩後退。

⑨ **ふしぎな こびとの くつやさん**

「ふし」で中腰になり、1回手をたたく。「ぎな」でまっすぐ立ち、両隣の人とパーにした手を合わせる。これを4回繰り返す。

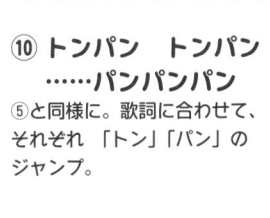

⑩ **トンパン トンパン ……パンパンパン**
⑤と同様に。歌詞に合わせて、それぞれ「トン」「パン」のジャンプ。

⑪ **後奏（4呼間）**
つないだ手を上げてポーズ。

ふしぎなこびとのくつやさん

お面の型紙

指定の大きさで拡大コピーしてお使いください。

◆3びきのこぶたとおおかみ
＊→P.21 ＜120％拡大＞

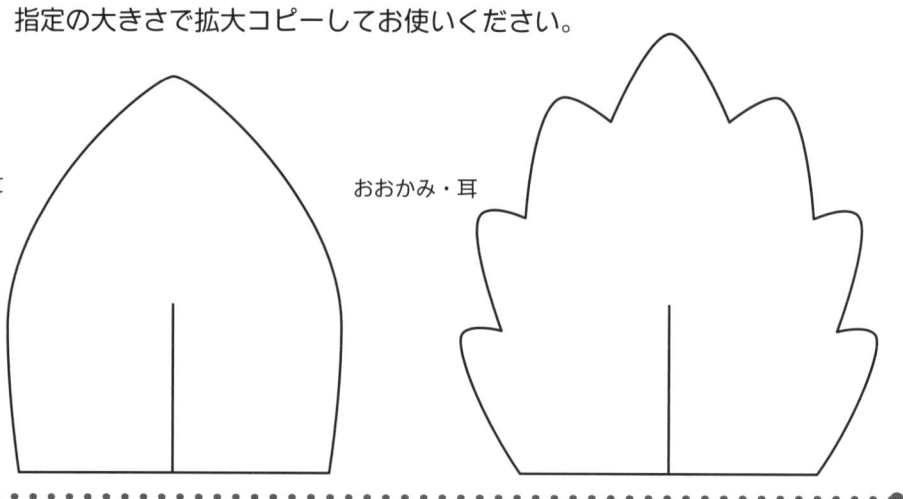

こぶた・耳　　おおかみ・耳

◆てぶくろ　＊→P.31 ＜200％拡大＞

かえる　　ねずみ

うさぎ　　きつね

いのしし

おおかみ

くま

◆うらしまたろう ＊→P.43 ＜200％拡大＞

さかな

◆ねずみくんのたんじょうかい ＊→P.73 ＜200％拡大＞

ぞう・帽子

ぞう・耳

たぬき・耳

うさぎ・耳

ねずみ・耳

103

著者紹介　阿部直美（あべ　なおみ）

東京都公立幼稚園教諭、瀬戸市はちまん幼稚園園長、東海大学・聖心女子大学講師を経て、現在、乳幼児教育研究所所長。
NHK教育番組への作詞・作曲の提供、振付け指導などの他、主に子どものオペレッタや手あそびうたの研究・創作を行う。代表楽曲に、手あそびうた「１丁目のどらねこ」など。また、さくらともこのペンネームで絵本作家としても活躍、『グリーンマントのピーマンマン』シリーズ（岩崎書店）などで知られる。
主な音楽図書・保育図書に、『ベストセレクト・オペレッタ「ピーマンマンとかぜひきキン」』他全6巻（メイト）、『阿部直美のみんなが主役のオペレッタ「おおかみと七ひきのこやぎ」』他全6巻、『０・１・２歳児の運動会　いちごちゃんたいそう』（以上、世界文化社）、『指あそび手あそび100』『続・指あそび手あそび123』（以上、チャイルド本社）など多数。

協力	乳幼児教育研究所
カバー・扉絵	西内としお
カバー・扉デザイン	檜山由美
本文デザイン	つかさみほ
本文イラスト	くるみれな　つかさみほ　みさきゆい（マーブルプランニング）
型紙	くるみれな　つかさみほ
本文DTP	NEKO HOUSE
楽譜浄書	コムギ・ミュージック
楽譜校正	ドルチェの会
本文校正	有限会社くすのき舎
編集	石山哲郎　西岡育子

阿部直美の　うたっておどって　楽しいオペレッタ！

2013年9月　初版第1刷発行
2020年1月　　　第6刷発行

著者	阿部直美
発行人	村野芳雄
発行所	株式会社チャイルド本社　〒112-8512　東京都文京区小石川5-24-21
電話	03-3813-2141（営業）　03-3813-9445（編集）
振替	00100-4-38410
印刷・製本	図書印刷株式会社

© Naomi Abe 2013　Printed in Japan
ISBN978-4-8054-0218-4
NDC376　26×21cm　104P
日本音楽著作権協会（出）許諾第1307293-906号

乱丁・落丁本はお取り替えいたします。
本書の型紙以外のページを無断で複写複製することは、法律で認められた場合を除き、著作権者及び出版社の権利の侵害となりますので、その場合は予め小社宛て許諾を求めてください。

チャイルド本社ホームページアドレス
https://www.childbook.co.jp/
チャイルドブックや保育図書の情報が盛りだくさん。
どうぞご利用ください。